カウンセラー
が教える

「自分を勇気づける技術」

岩井俊憲
Iwai Toshinori

同文舘出版

はしがき

『自分を勇気づける技術』を手に取っていただき、ありがとうございます。

私は、この本を読み、ここに書かれたことを実践することによって、確実にあなたが変わっていくことをお約束します。

その理由は第一に、ここに書かれたことは、すべて実証ずみのことだからです。私のカウンセリング、あるいは私の講座を受けた人が成果を生み出していて、効果が見込まれることだけを書きました。本書の大きな特徴は、

（1）「自分の周囲にはよいことが起きる」という能天気な考え方（「楽天主義」）でなく、

（2）「よいことも悪いことも起きるが、『そのことが起きたことは自分が担えるからだ』と受け入れ、最善を尽くして対処しよう」とする姿勢で、現実をありのままに直視することで、

（3）人々の協力を得ながら、積極的に立ち向かう楽観主義の立場（「現実的楽観主義」）に基づき、勇気や元気を失いがちな読者の自己肯定感を高めることができるという点です。

第二に、本書は、アドラー心理学という百年間にわたって洗練されてきた理論と実践がベースになっていることです。この本では、心理学の色彩をできるだけ薄めていますが、もし「その考え方の根拠はどこにあるのですか？」とたずねられたら、明確に示すことができる、心理

学的に裏付けのあることだけを書きました。

第三に、この本には、読んだ人が実践したくてたまらなくなる仕掛けが潜んでいます。ただ、その仕掛けはここでは書きません。ともあれ、一度読んでみてください。そして、あれもこれもと欲張ることなく、ひとつでも二つでも実践してみてください。そうしているうちに、もっともっと家庭や職場や自分自身の生活で使いたくなります。その意味では、一回読んで実践し、実践した上でもう一回読むと、より効果が増します。

以上の三つの根拠により、確実にあなたは変わっていくことでしょう。

最後に、本書を書くにあたっては、ヒューマン・ギルドの研修室長で、元雑誌社に勤めていた、永藤かおるさんに大きな力添えをいただきました。

また、このような機会をいただいた同文舘出版株式会社の取締役で、ビジネス書編集部長の古市達彦さんにも感謝申し上げます。編集のプロセスでも数々の勇気づけを受けました。

この二人の存在なくして、本書は日の目を見ることはなかったでしょう。ここに、感謝の気持ちを表します。

2013年9月

岩井俊憲

2章 勇気づける人になろう

3章 失敗・失意のときの勇気づけ

4章 自分を勇気づける感情のコントロール

5章

落ち込んだときにも勇気づけ

6章

他者を勇気づけるように自分も勇気づけよう

装丁・ＤＴＰ／村上顕一

1章

自分を勇気づける方法

The Skills to Encourage Oneself

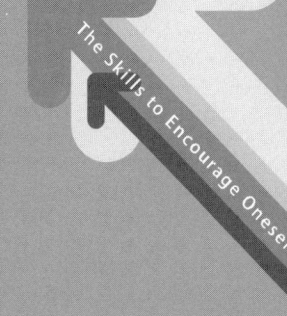

「勇気づけ」って何だろう

何かが大きく欠けている現代

この本を手に取った方は、今、ご自分がはげまされたいと思っているでしょうか。それとも周りの誰かをはげましたいと思っているでしょうか。自分を、誰かをはげますのに必要なものとは、いったい何でしょうか。

以前から、いっこうに改善される見通しが立たない社会問題として、家庭内での子どもに対する虐待、夫婦間のドメスティック・バイオレンス（ＤＶ）、長引く不景気に端を発する雇用悪化や職場内いじめなどによって引き起こされるうつ病、過労死、男性に多く見られる自殺などがあります。

子どもたちを取り巻く環境の中でも、いじめ、体罰、不登校、家庭内暴力、校内暴力、非行、そしてひきこもりなどが挙げられます。数年前、15～34歳の非労働力人口（若年無業者）のうち、「ふだんは家にいるが、自分の趣味に関する用事のときだけ外出する」者を含む広義のひきこもりが、約70万人にも及ぶことが話題になりました。さらに、最近では中高年のひきこもりも社会問題化しています。

昔はよかった、と簡単に片づけるわけではありません。体罰が横行していたり、DVという言葉さえ知らず、配偶者やパートナーへの暴力が表面化していなかった時代に戻るわけにはいきません。しかし、今、何かが正常範囲から逸脱している、何かが大きく欠乏している気配を感じることはありませんか？

欠乏しているものの正体は何か、と考えたときにふと浮かぶのが「勇気」です。

「勇気？　高いところから飛び降りたり、資金もないのに投資をしたりするようなこと？」

いいえ、そうではありません。それは「蛮勇」とか「向こう見ず」であり、考えのない荒々しいだけの行動の現われです。

英和辞典で勇気に相当する英語の“courage”の語源を調べると、ラテン語の“cor”すなわち“heart”であることがわかります。身体の活力を司る臓器である心臓を語源とするならば、勇気は活力と深い縁があると言えそうです。

続いて英英辞典をめくると、勇気は「リスクを引き受ける能力＝リスク・テイキング・アビリティ」とあります。これらを踏まえて、心理学的な解釈を加えて定義をすると、

「勇気とは、リスクを引き受ける活力」

と言えるでしょう。ここで注意をしたいのは、「リスク」を「危機・危険」と訳さないほうがいいということです。

危機・危険と訳してしまうと、あってはならないこと、避けるべきことのように思われますが、「リスク」にはマイナスの側面だけでなく、不確定要素を含んだプラスに転じる可能性がある、という側面もあります。もしくは、対処しないで見過ごしていたら、より危険な状態を招きかねない可能性も「リスク」と捉えることができます。勇気のある人は、そのような可能性に果敢にチャレンジする能力を備えています。

勇気とは「困難を克服する活力」

ここでは「勇気」を「困難を克服する活力」と捉えてみましょう。

困難は、人によってさまざまです。ノルマの厳しい仕事を困難と思う人、立ちはだかる受験が困難と感じる人、人の視線を困難と感じる人、そして何よりも、人とのコミュニケーションが困難と感じる人……。困難をまるで抱えていない人、というのは稀だと思われます。日本中、いや世界中のほとんどの人が抱えている困難、それを克服しようと心に決め、実際に具体的に立ち向かう力＝勇気を一人ひとりが持てば、現代社会が抱える問題は、明らかに解決への方向に舵を切るのではないでしょうか。

また勇気は、一人ひとりが持つだけでなく、それを他人に分け与えることによって大きく広がっていきます。これは「勇気づける」という行動であり、態度です。ここでも誤解を招きかねないのが、ただやみくもに「死ぬ気でがんばれ」「お前ならできる」「大丈夫、大丈夫」「何とかなる」と声をかけることが、「勇気づける」ことだと思っている方の存在です。

この本では、先に「勇気」の定義を「困難を克服する活力」としました。ですから、「勇気づけ」に関しては、「困難を克服する活力を与えること」と言うことができます。では、具体的にはどのようにするのが、真の「勇気づけ」なのでしょうか。

アメリカの心理学者であり教育学者でもあるドン・ディンクメイヤーは、「勇気づけ」を次のように定義しています。これは数ある勇気づけの定義の中で一番明快です。

勇気づけとは、自己尊重（自尊心）と自己信頼を築くのを支援するために個人の持ち味と潜在力に焦点をあてるプロセスであり、勇気と信頼を確立するのに欠かせない技術を適用することで現実化する理論である。

「勇気づけ」とは自尊心を持ったうえで相手を尊敬し、信頼し、その人の持ち味と潜在力に注目するプロセス（方法）であり、技術であり、理論でもあるのです。相手のことをきちんと把握もせず、無責任に追い立てるような言葉をかけることではない、ということがおわかりいただけたでしょうか。

はげましたい、勇気づけたいと思っている人へ

最初の質問に戻ります。この本を手に取ったあなたは、今、ご自分がはげまされたいと思っているのでしょうか。それとも、周りの誰かをはげましたいと思っているのでしょうか。自分や誰かをはげますのに必要なものとは、いったい何でしょうか。

誰かをはげますのに必要なものは、もうおわかりですね。「勇気づけ」です。本書は、あなたがあなた自身をはげますために、そして周りの大切な誰かをはげますために必要な技術を、「勇気づけ」を軸に、一つひとつ丁寧に紹介していきます。それは苦しんで暗記したり、無理難題を押し付けたりするようなものではありません。

この本を読んだ後に、頭の片隅に置いておいていただき、折に触れて思い出したら簡単に実践していただけることばかりです。でも、続けなければ身につけることはできません。

ご自身がピンチに追い込まれたとき、わけもなく心が沈んだとき、大切な人といさかいを起こしてしまったとき、ここ一番で思うような結果が出なかったとき、きっとヒントになることがどこかにあるはずです。では、そのヒントを探しに行きましょう。

❗自分をはげまし、大切な人をはげます「勇気づけ」の技術を頭に置いてください。

勇気づけ名人になるための三つのステップ

はがれるメッキではなく、本物になるために

いきなり結論です。回りくどい説明はしません。どういうステップを踏めば「勇気づけ名人」になれるのか端的に言うと、

①自分自身を勇気づける
②勇気くじきをやめる
③勇気づけを始める

この、たった三つのステップを態度で示していくことです。決して難しいことではありません。しかし、表面上わかったつもりになって、小手先のテクニックを使うだけでは、本当の勇気づけ名人になることはできません。

いくらテクニックを学んだとしても、それはメッキと同じで表面を覆うだけのものです。時

間の経過につれて、また幾多の困難という風雨にさらされ続けたら簡単にはがれてしまいます。表面を取り繕うのではなく、中の芯の部分まで勇気づけを身につけるには、あなたの日常のふるまい、態度に勇気づけを染み込ませていくことが大切です。体中の血管に勇気づけが流れるように、あなたの心身を勇気づけで満たしていくことが大切になります。

もちろん、最初から何もかもできるわけではありません。どんなに力自慢でも、柔道を始めたその日に黒帯になれるわけではありません。どんなに学校で面白い話をする子でも、明日いきなり落語の真打になれるわけではありません。毎日毎日の稽古の積み重ねやたゆまぬ練習が「名人」をつくり上げていくということは、あなたの身の周りの職人やその世界の一流と呼ばれる人を見ればおわかりになるでしょう。

では、「勇気づけ名人」になるためには、具体的に何から始めたらいいのでしょうか。

その1 自分自身を勇気づける

自分がインフルエンザにかかっているときに、ちょっと具合が悪そうな子どもに近づいていって、ふらふらになりながら看病をするのは正しいことでしょうか？　自分が命を賭けて築き上げてきた仕事を失って、身も心もボロボロの状態のときに、失恋した友人をはげますことはできますか？　また、そのはげましは、相手の心に響くでしょうか。

次ページに10の質問があります。質問を読んで「かなりあてはまる」場合は2点、「ややあてはまる」場合は1点、「あてはまらない」場合は0点とし、合計点数を出してみてください（図表1）。

・合計点数が14点以上の場合

あなたは、自分を犠牲にして相手を喜ばせようとする傾向が強いようです。他人を喜ばせよう、相手に好かれようと無理を重ねて、自分自身が苦しくなることはありませんか？

・合計点数が8～13点の場合

相手を喜ばせるために、自分を犠牲にする傾向が若干見られます。自分にもっと自信を持って行動し、「ノー」を言うことを恐れないでください。

・合計点数が7点未満の場合

自分を犠牲にすることのない人間関係です。今のままの対人関係を大切にしてください。

「いい人」というと、あなたはどんな人を思い浮かべますか？「相手の要求をすべて飲んで、自分を犠牲にすることをよしとする人」でしょうか。このような人を「プリーザー（喜ばせ屋）」と呼びます。

プリーザーは、周囲の人たちに気分のよさを提供しますが、他人に嫌われるか、拒否される

図表1 ● 自己診断テスト

	設問	あてはまる（×2）	ややあてはまる（×1）	あてはまらない（0）
1	「好かれたい」「嫌われたくない」という思いで行動する			
2	相手の顔色を読むこと、状況を過敏に配慮して行動する			
3	相手や周囲の賞賛・賛辞が何にも勝る報酬である			
4	心理的な平和と静寂を求め、波風を立てることを極端に嫌う			
5	批判されたり拒否されたりすると過敏になり、自分の存在を否定されたように感じる			
6	相手に「ノー」を言うことができず、やりたくない仕事を引き受けて後悔することがある			
7	本来、自分の責任ではないことを自分の責任のように感じ、その責任を果たせない場合に不安や罪悪感を抱くことがある			
8	責任を過度に引き受ける結果、関係する人にあなたがやることが当然と思わせたり、依存的にさせたりしてしまうことがある			
9	相手が気に入ってくれているうちはいいが、気に入らないような態度が見えてくると自分を責め、それが高じると相手を極端に非難・攻撃することがある			
10	ある人を喜ばせる言動と同じことを他の人にもしたことで、「信用できない」「八方美人」と受け止められたことがある			
	小　計			
	合　計			

ことを極端に恐れ、自分が受け入れられているのかどうか、不安に陥ることが多い傾向があります。「他者から好かれたい、嫌われたくない」という気持ちは誰もが持っているものですが、それが極端になると、自分で自分が受け入れられない、自分で自分を勇気づけできない人になってしまいます。

自分を勇気づける術を知らない人が、周りの人を勇気づけられるでしょうか？　そんな中身のない、メッキ張りの勇気づけは付け焼刃と同じではげやすいものです。まずは、この設問の答えが、「あてはまらない」に近づくような心を持つことにチャレンジしてみてください。

その2　勇気くじきをやめる

自分では有益な忠告をしたつもりなのに、相手が怒ってしまった、という経験はありませんか？　また、慎重になるあまりに、これから新たにものごとを始めようという人に悲観的なアドバイスばかりして気分を害されてしまった、ということはないでしょうか？　その他にも、相手が相談したそうに声をかけてきたのに、忙しさにかまけてそっけない対応をしてしまったり、もしくは「これは自分の得意分野」とばかりに、相手の話をろくに聞かず、自分の経験談をとうとうと話してしまったことはないでしょうか？

これらはすべて、「勇気づけ」の反対である「勇気くじき」にあたります。相手と自分の立場を置き換えてみましょう。あなたが知りたかったのはそんなことではないはずです。

相手が、たとえ子どもであろうと虫が好かない人であろうと、その人はあなたの援助を求めて、自ら足を運んできたのです。まずは、相手が抱えている問題を真摯に「聴く」ことが大切です。

聴き方については、後ほどじっくり述べますが、「しっかり聴く」ということを念頭に置いてください。相手が話している間は、決して口を挟まないこと。勇気くじきをストップさせるのはそこから始まります。

その3 勇気づけを始める

前述の「自分自身を勇気づける」「勇気くじき」をやめる。それだけでも大きな前進ですが、そこにプラスしていくのが「勇気づけ」です。では、具体的な「勇気づけ」の手法を見ていくことにしましょう。

❗ 上辺のテクニックだけではダメ。まずは自分を勇気づける術を身につけましょう。

「ダイジョウ・ブ」メソッド

不安になったとき、心が揺れたときの特効薬

ピンチに陥ったときや焦りを感じたとき、人前であがりそうなとき、あなたは自分の心を鎮めるためにどのようなことをしているでしょうか。あがりそうなときに、手のひらに「人」という字を書いて飲み込むと落ち着くというのは、昔から言い伝えられています。

不安になったとき、信念が揺らぎがちなとき、プレッシャーがかかりそうな事態になったときなどに使えるもので、私が国民運動として伝えたいしぐさがあります。マイナスの気分を払拭し、プラスの気分を強めてくれる儀式です。

指を開いた利き腕を胸の前でL字型にして、胸の位置から腹部まで振り下ろしながら「大丈夫」と言う。

「ダイジョウ」まで真下に勢いよく下ろし、「ブ」で10センチほど前に突き出す。

私たちは不安なとき、不安の原因をあれこれと探し出し、その対策を無理やり講じようとします。自信がないとき、緊張したとき、どう対処したらいいかわからなくなり、パニックに陥

りがちです。そのような切羽詰まった状態になり、時間をかけてじっくり考えられない場面でのおすすめが、この「ダイジョウ・ブ」なのです。

対人関係で自信を失いそうになったとき、失敗をして叱責され、心が沈んだとき、さらには人前で急に話さなければならなくなったときなどにも、とても効果を発揮します。

私にもこのような経験があります。講演を依頼されて行ってみると、聴衆が１２００人も会場に溢れていたのです。１００人、２００人ならともかく、１２００人の聴衆には圧倒されます。舞台の袖から見て、緊張感でいっぱいになりました。

そんなとき、この「ダイジョウ・ブ」を実践してみました。しかも、両腕を使って。すると気持ちがスーッと落ち着き、講師紹介が終わって演台に歩いていくときには、もう緊張は収まっていました。

講演の途中でも、緊張しそうになると、聴衆から見えないところで「ダイジョウ・ブ」をやっていました。おかげで、その講演会は大好評で終わりました。

「一番印象に残ったのは〝ダイジョウ・ブ〟」

とある地域で、教職員向けに研修を行なった際も、この「ダイジョウ・ブ」メソッドを先生方に伝授しました。みなさん、かなり気に入ってくださったようで、「この研修で一番印象に残ったのは『ダイジョウ・ブ』です。ぜひ実践してみようと思います」との感想を頂戴しました。その後、先生方は受け持ちのクラスの児童・生徒たちにもこの「ダイジョウ・ブ」のスキルを広めてくれたようです。

また、ある学校の校長先生は、朝礼の際に全校生徒に「ダイジョウ・ブ」を行なう習慣をつけてくださったようで、今では学校全体で「ダイジョウ・ブ」を実践してくれているそうです。受験や運動会、発表会など、「ここ一番！」という場面で「ダイジョウ・ブ」を使って、心の緊張をほぐし、力まずに自分の実力をいかんなく発揮できる子どもや大人たちが増えてくれれば、この運動を広めている私としても非常にうれしい限りです。

必要なのは、状況を変える強い意志

ここまでお読みになって、「そんな子どもだましのようなことで……」とお思いになった方がいらっしゃるかもしれません。たしかにこの方法は、理論上の裏付けや有名心理学者の論文とは無縁のものです。では、なぜ効果がてきめんに現われた、という声が届くのでしょうか。

それは、実行する一人ひとりが、今ある緊張状態や自信喪失状態、危機的な状態を「何としても変えたい、変えるのだ」という強い信念を持ち、それを打破する勇気を土台にしてこの言葉を唱え、そして実践するからに他なりません。

自分が今いる状態を変える、ということは、実は人にとって非常にストレスのかかる作業です。もちろん、人は自分を受け入れ、自分に対しても他人に対してもポジティブでいるほうが気持ちを楽に保つことができます。

しかしながら、人生にはしばしば思いもかけないことが突発的に起こり、あまり快適ではない状況に陥ることがあります。たとえば、やりたい仕事ができそうだと思って入社した会社でパワハラを受け、うつ状態に陥っているとか、条件的にも理想の相手だと思って大恋愛の末に結婚したら、その後相手が豹変して日常的にＤＶを受けている、というような例は枚挙に遑《いとま》がありません。周りから見れば、明らかに不幸としか思えない状態です。

しかし、当人たちはそのようなつらい状況から抜け出そうとせず、「もうちょっとがんばれば」とか、「自分さえ変われば」と言いながら、何の決断もせずにそこに留まっている、という事態を見聞きしたことはありませんか。

そのような状況から抜け出さない、抜け出そうとしない理由として、①ニーズ（必要性）と②スキル（技術）が欠けているということが挙げられます。彼らにとって、そこから抜け出すことのほうが脅威であり、傍から見れば不幸としか思えない今の状況のほうが（変化をするよりも）快適なのかもしれません。

しかし、あるとき本人が、「ここから抜け出さなければ幸せになれない」と気づいたら。そう、そのときこそが、①ニーズ（必要性）を強く感じたときなのです。その際に必要なスキルのうち、どんな状況にあろうとも最も簡単にできて、最も即効性があって、最も心に響くのが「ダイジョウ・ブ」メソッドなのです。

自覚的に、一瞬一瞬自分自身を見つめ直し、今ある状態が不幸だったり、不愉快だったり、恐怖であるなど、自分にとって最適な状態でないということに気づいたとき。しかし、変化をしたらどうなるかわからない。もしかしたら、今よりも悪い状態になる可能性も見過ごせない。けれど、今変わる必要性があると心に強く思い、決心をしようとするとき、あなたの背中を押してくれるのは、あなた自身が自分に向かって強く唱える「ダイジョウ・ブ」なのです。

大丈夫、あなたはこの言葉を唱えれば、必ず心に安心感が広がり、自分の決断に自信を持つことができます。

❗今の状態を「何としても変えるのだ」という強い意志が、あなたを変えるのです。

意志の力で楽観的に

コップ半分の水、給料日前の７０００円

あなたに質問します。

あなたは喉が渇いています。目の前のコップに、水が半分入っています。そのときあなたはどう思いますか？

「半分しか入っていない」「半分も入っている」

では、もうひとつ質問をします。あなたの給料日は毎月25日です。今日は20日で、財布の中には７０００円入っています。そのときあなたはどう思いますか？

「あと７０００円しかない」「あと７０００円もある」

これは、あなたの思考の傾向が楽観的（プラス思考）か、悲観的（マイナス思考）かを問う際、よく使われる質問です。「水が半分も入っている」「あと７０００円もある」と思える人は楽観的であり、「半分しかない」「７０００円しかない」と思う人は悲観的である、ということです。

勇気のある人、勇気づけができる人は、楽観的あるいはプラス思考で他者に接します。一方、勇気のない人、勇気をくじく人は悲観的、あるいはマイナス思考で他者に接することが多いようです。

ただし、「楽観的」に関しては、二つの注意点があります。ひとつは、楽観的であることは能天気だったり、極楽トンボといったような呑気で安直であることとは違います。心理学者のアルフレッド・アドラーは、イソップの寓話「二匹のカエル」を用いて、楽観主義者のことを以下のようにわかりやすく説明しています。

「ミルクのいっぱい入った壺の縁を、二匹のカエルが飛び回っていました。ところが、突然、二匹とも壺の中に落ちてしまいました。一匹は『もうおしまいだ』と泣きました。ゲロゲロと鳴いて、溺れ死ぬ覚悟をしました。もう一匹はあきらめませんでした。何度も何度も脚をばたつかせて、とうとう、もう一度足が固い地面に着きました。何が起きたと思いますか？　ミルクがバターに変わっていたのです」

『アドラーの思い出』（G・J・マナスター、G・ペインター、D・ドイッチェ、B・J・オーバーホルト編、創元社）

楽観主義者は、性格の発達が全体として真っ直ぐな方向を取る人のことである。彼

（女）らは〔この二匹目のカエルのように〕あらゆる困難に勇敢に立ち向かい、深刻に受け止めない。自信を持ち、人生に対する有利な立場を容易に見出してきた。過度に要求することもない。自己評価が高く、自分が取るに足らないとは感じていないからである。そこで、彼（女）らは、人生の困難に自分を弱く、不完全であるとみなすきっかけを見出すような人よりも容易に耐えることができ、困難な状況にあっても、誤りは再び償うことが出来ると確信して、冷静でいられる。

『性格の心理学』（A・アドラー、アルテ）

「楽観的」のもうひとつの注意点は、「ときと場合による」ということです。24時間365日いつでも楽観的であり続けるというのは、少々現実離れしていると言えるでしょう。場合によっては、「リスクマネジメントができない人」「危機管理能力のない人」という烙印を押される可能性もあります。

大切なのは、「ここ一番」というときに断固として楽観主義でいることです。とくに危機的な状況にあるとき、ピンチのときに「ああ、もうだめだ」と思うのと、「こんな状態からでも自分なら逆転できる！」と強く思うのとでは、結果に大きな差が出ます。

後半、ロスタイムまで0－0のサッカーの試合。「今日はスコアレスドローか」と、チームの1人でも思ったら、点が入る可能性はほぼないでしょう。しかし、「まだ、ロスタイムがあるじゃないか！」と、全員が一丸となってあきらめない気持ちでボールを追い、相手を攻め続ければ、奇跡のゴールが生まれる可能性があります。

土俵際まで追い詰められた力士は、「もはやこれまで」と思った瞬間に寄り切られてしまうでしょう。たとえ徳俵に足がかかっていても、「ここからが俺の見せ場だ」と思える気持ちがある力士は、相手を投げ返す可能性を残しています。

楽観主義者は長生きし、成功し、何度でも立ち上がる

アメリカには楽観主義者と悲観主義者の研究を、25年もの間続けたM・セリグマンという心理学者がいます。研究の結果、驚くべき差が現われたため、彼は『オプティミスト（楽観主義者）はなぜ成功するか』という本を書き上げました。

両者で大きな違いが現われたのは、うつ病の罹患率、学業、ビジネス、スポーツ、そして平均寿命などです。そこで描かれているのは以下の通りです。

悲観主義者：悪い事態は長く続き、自分は何をやってもうまくいかないだろうし、それは自分が悪いからだと思い込む。よい事態は一時的なもので、その幸運もこの場合にのみ限られていると考える

楽観主義者：不運や敗北などの悪い事態は一時的なもので、その原因もこの場合にのみ限られ

ているると考える。よい事態は自分の力が及んだためであり、長期間続き、他にもよいことが到来すると解釈する

もちろん、この世界が楽観主義者だけになればよいというような、単純なものではありません。たとえば、会社が楽観主義者ばかりで構成されていたら、おそらく放漫経営で破綻してしまうでしょう。また逆に、悲観主義者ばかりで構成されていたら、リスクを過剰に恐れるあまり、新規事業や適切な資本投資が行なえなくなり、先細ったあげく、倒産への道を歩むことでしょう。

したがって、企業には、両方のバランスを取るだけの知恵と柔軟性のある最高経営者が必要である、とセリグマンは述べています。

しかしながら、前述の通り「ここ一番」、もしくは「会社存亡の危機」というような場面において、楽観主義的な経営者が難局を乗り切れるか、悲観主義的な経営者が生き残るか、と言われたら、間違いなく「楽観主義的な経営者」に軍配を上げることができると言えます。

❗「ここ一番」で力を発揮するのは、楽観的な考え方なのです。

朝の三つのテクニック

たったこれだけのことで、1日が明るく変化していく

今朝のあなたの目覚めはいかがでしたか。すっきりと起きることができたでしょうか。それとも、布団の中で時間ギリギリまでもぞもぞとしていたでしょうか。

われわれ人間の朝の思考や行動、習慣はその日1日を左右し、よくも悪くも大きな影響を与えます。無意識に行なっていることでも、それが毎日続いていたら、影響されるのは人生そのものと言えます。

小学校低学年でも知っていることわざ、「早起きは三文の徳」から、「朝駆けの駄賃（朝早く走らせる馬は元気よく、少しくらいの荷物は何とも思わないということ。たやすいことのたとえ）」、そして「朝《あした》に道を聞かば、夕べに死すとも可なり（朝に人がどう生きるべきかを悟ることができれば、夕方に死んだとしても後悔はないということ）」という、人生そのものに関わることまで、われわれ日本人は古来、朝を大切に思う考え方を自然と持っています。

ここでは、自分をはげます、勇気づける生活を送るための、簡単だけれどとても重要な、

「朝の過ごし方」をご紹介しましょう。

その1 爽快だ！

まずは朝、起きる瞬間です。このときに、生きている実感をしっかり味わってみましょう。大きく伸びをして、「ああ、爽快だ！」と声に出してみましょう。たとえ爽快とはほど遠い朝でも、「爽快だ！」と口に出すことによって、少しでも爽快に近づくことができます。朝起きる、ということを、当たり前のことと考えず、ひとつの小さな奇跡として捉えるのです。

夜寝ている間に心臓発作や心不全などで亡くなる人が、老若男女を問わず世界中に何万人といることを考えれば、目が覚めて、これからの人生の初日を迎えられることひとつとっても小さな奇跡なのです。その当たり前に感謝し、生きている実感を味わい、「爽快だ！」と確認をするのです。大きく伸びをして、ひと言口に出すのに10秒とかかりません。そして、一発で起きるのです。目覚ましを止めてもう一度寝る、ということをせず、パッと起きることを自分で決めて、実行するのです。

その2 自分にニッコリほほ笑みかける

次は洗面所です。顔を洗い、鏡を見て、自分に向かってほほ笑みかけましょう。もちろん、鏡の中のあなたも、あなたにほほ笑みを返します。笑顔は、人間の自律神経のうち、リラックス効果をもたらす副交感神経を優位にします。副交感神経が優位になると、呼吸のリズムもゆったりとし、脈拍や血圧が安定し、ストレスが解消される、という効果があります。女性の場合、メイクの最中にずっと鏡を見ていますが、その仕上げに「今日もきれいになった」とニッコリ、笑顔チェックをするのもいいでしょう。

実際に、吉本興業の協力のもと、笑顔や笑いががん細胞を攻撃するNK（ナチュラルキラー）細胞を活性化させるという研究発表がされたことは、以前大きな話題になりました。健康で長生きするために、仏頂面でいるよりも朝から笑顔をつくり、それを保つのは、科学的にも根拠のあることなのです。

その3「おはよう」「ありがとう」をおろそかにしない

「おはよう」

「おはようございます」

あなたは、毎日何人くらいの人とこの言葉を交わしているでしょうか。この「おはようございます」という言葉は、「さあ、今日1日をこれからともに始めましょう」というニュアンスを含む、響きのいい言葉です。

芸能界などの一部の業界では、朝昼晩関係なく「おはようございます」が挨拶になっていますが、これは、その日はじめて会う人との挨拶として最も適していて、これから始めようという気持ちになれるから、という話を聞いたことがあります。

ぼそぼそした声ではなく、元気のよい「おはようございます」から始まる1日は、何か難を逃れることができるような気がしないでしょうか。

もうひとつ大切なことは、「ありがとう」「ありがとうございます」という言葉です。「ありがたい」は漢字で書くと「有り難い」です。「有る、ということが難しい」＝「めったにない」ということです。めったにないことをしてもらった感謝の意が、「ありがとう」という言葉には込められているのです。


ここで、ひとつ質問があります。

あなたが両手に荷物を持っていたら、目の前の人がドアを押さえて待っていてくれました。あなたは、「あ、すみません」と言いますか？　それとも「あ、ありがとうございます」と言うでしょうか？

では、もうひとつ。あなたは足を怪我しています。電車に乗ったら、目の前の人が席を譲ってくれました。そのときは、「すみません」「ありがとうございます」のどちらを言うでしょうか？

ここで、「すみません」を使う方もとても多いと思います。しかし、もしあなたが相手に感謝の気持ちを表わしたいと思うのであれば、ぜひ「ありがとうございます」を使っていただきたいと思います。

軽い謝罪や依頼の場合は「すみません」が適切ですが、感謝の気持ちは「ありがとう」のほうがより相手に伝わります。

これは、逆の立場になると、より実感できると思います。あなたが、誰かにちょっとしたプレゼントをあげたとき、またはちょっとした手伝いをしてあげたとき、申し訳なさそうな顔で「本当にすみません」と言われるのと、笑顔で「本当にありがとう」と言われるのと、どちらがうれしく感じ、「ああ、やってよかったな」と思うでしょうか。

「おはよう」「ありがとう」と言われて、腹を立てる人はいません。この二つの言葉の魔力は、あなたが思っている以上に強いと思ってください。

①「起き方」、②「鏡に笑顔」、そして③『おはよう』『ありがとう』の挨拶」
朝、心がけていただきたいのはこの三つだけです。

何も難しいことはありません。ぜひ、明日の朝から実践してみてください。しかし、できなかったとしても自分を責めないようにしましょう。そして、思った通りにできたら、自分に「ありがとう」の一言をプレゼントしてください。

❗ 毎朝の心がけはその日1日だけでなく、あなたの人生にも影響を与えます。

夜の三つのテクニック

毎日が「終わりよければすべてよし」

朝、すっきりと目覚めて、1日を元気よくスタートしたとしても、その先に何が待ち受けているかは誰にもわかりません。うれしくないことが次々と起こり、思わず天を見上げて、「ああ、なんてツイてない1日！」と嘆きたくなることもあるでしょう。そんなことがしばしば続いているからこそ、切実に「自分自身をはげましたい」と思っているのではないでしょうか。

心がけて、というと大げさだし、気負ってしまう方もいるかもしれませんが、帽子やジャケットをフックに掛けておくくらいの感覚で、少し心に留めておいていただきたいのが、これから お話しする「夜の三つのテクニック」です。これも、難しいことは何もありません。

最初は、意識的に行なっていただく必要がありますが、それほど経たないうちに、苦もなく自然と生活の一部に組み込まれていくことになるでしょう。そうして習慣づいてしまえば、こちらのものです。もう、あなたの1日は平穏に終わり、安らいだ気持ちで眠りにつくことができるようになるでしょう。

「終わりよければすべてよし」、そして「仕上げが肝心」です。これは、何も大きな物事に取り組んだときばかりではありません。1日1日積み重なる、ふだんの生活でも同じです。

また、言うまでもありませんが、前項「朝の三つのテクニック」と、この「夜の三つのテクニック」はセットのようなものと捉えてください。では、具体的にどのようにしたらいいのか、ここからご説明していきましょう。

その1 帰宅してから安らげる時間をつくる

仕事上の付き合いでどうしても酒席が続く、もしくはご自身が酒好きで、毎日のように外でお酒を飲む機会があり、つい帰りが遅くなってしまうという方もいらっしゃるでしょう。

そのこと自体は、「健康に影響さえなければ」という条件付きですが、よい（もしくはやむを得ない）ことだと思います。

ただ、酔っぱらって家に帰って、そのまま寝床に入って朝まで意識がない……となると、翌朝は気分のいい目覚めになるとは思えません。家イコール寝場所、という考えを少し切り替えていただき、家イコール心からくつろげる場所にしていただきたいのです。

ご家族がいらっしゃる方は、今日1日どんなことがあったのかを聴いたり話したりする時間にする。一人暮らしの方は、好きなテレビや本を楽しむもよし、さまざまな通信手段で家族や友人とコミュニケーションを取るもよし、というように、心安らぐひとときを過ごしてみましょう。外と内とのスイッチを切り替える習慣を身につけると、家に帰ることがリラックスすることにつながります。

ときどき、「家に帰ると、女房がどうでもいい話をぐちぐちするから帰りたくない」という方がいらっしゃいます。そんなとき、「それは、毎日でしょうか?」とうかがうと、「いや、たまに早く帰ったとき」という答えが返ってきます。「たまに」だからこそ、相手の話を長く感じてしまうのではないでしょうか。

また、「たまに」だから共有していることが少なく、「知らない話」を長々とされている気がしてしまうのではないでしょうか。「たまに」だから、相手は〝ここぞ〟とばかりに、マシンガンのように話しかけてくるのではないでしょうか。

毎日、少しずつでもコミュニケーションをとる時間を設けてみてください。そうすることで、この問題は徐々に解決していくはずです。

その2　風呂は心の疲れも洗い流す場所

世界中に賞賛されるほど清潔な環境を誇る日本、そして風呂好きな日本人です。ほとんどの方が、毎日入浴していることと思いますが、そのときにも少しだけ意識をしていただきたいことがあります。それは、頭や体を洗うとき、表面の汚れを落とすだけではなく、自分の心の疲れや内面の汚れ、そしてその日に起こった嫌なことも泡と一緒に洗い流しているんだ、と自覚することです。

毎日、小さいお子さんと一緒に入るという方は別ですが、ほとんどの方にとって入浴時は一人になれる時間です。鼻歌を歌ったり雑誌を読んだり、風呂での過ごし方はさまざまでしょうが、そのときに1日を振り返って、その日の疲れや汚れをすべて流してしまうという意識を持つと、風呂上がりの爽快感はひとしおです。

古今東西、水には不思議な力があり、洗礼や沐浴、滝行など、さまざまな宗教儀式にも使われていることは周知の事実です。私たちは、水に囲まれた国に育ち、豊富な湧き水に恵まれ、水に触れる生活をしている民族なのですから、その力を借りない手はありません。

その3　1日の決着をつける

眠りにつく直前、あなたは布団に入って何を思うでしょうか。今日1日を振り返って、起こったこと、思ったこと、言われた言葉……その中でもとりわけ思い出していただきたいことがあります。

それは、過ぎた1日の中で、とくに感謝したい事柄や人を思い浮かべて、「ありがとう」という言葉をつぶやくことです。そして、心の中で「今日も無事に過ごせて、いろいろなことに取り組むことができた。充実した1日だった」と、がんばった自分自身にも感謝をして、1日の決着をつけたうえで眠りにつくようにしてみましょう。

実際、嫌な言葉を言われたり、不運に見舞われたりする日もあるでしょう。面白くないことがずっと続いて、感謝したい人もいなければ感謝したいものごともなく、「この人生、本当にロクでもないことだらけだ！」と思っている方もいるかもしれません。

しかし、そんなにつらい状況の中、自分はがんばって1日を生き抜いたのです。そんな自分自身に対して、「よくやった、ありがとう」と声をかけることはできるのではないでしょうか。

この時間こそ、自己勇気づけの決定的な時間に他なりません。誰かと比べる必要はまったくなく、あくまでもあなた自身の主観だけに基づいていていいのです。1日活動した身体と、機能し続けた心と、働き続けた頭に「ありがとう」という言葉で感謝をしてください。

そして、心配事はそっと横に置いて、ぐっすりと眠るイメージを思い浮かべて目を閉じてみてください。

❗ 一日の終わりに自分をリセットして、感謝の気持ちで休みましょう。

呼吸法を身につける

マニュアルにもオートマチックにも自由自在

今この瞬間にも、私たちは無意識に呼吸を続けています。生まれてから死ぬその瞬間まで行なわれる呼吸に注目すると、自分自身を勇気づける生活のヒントが見えてきます。

私たちの身体には、意識的に動かす手、足、首などと、意識をせずに動いている内臓、血流などがあります。手は握ろうと思えば握ることができますが、肝臓を二つ折りにしたり、3秒だけ血流を止めようと思ってもできることではありません。

しかし、呼吸に関しては、内臓の働きや血流などと同様、ふだんは無意識に行なわれているにもかかわらず、意識的に行なうこともできる、というのが大きな特徴です。呼吸と同様の意味を持つ、「息」という漢字を見てみましょう。

息＝自＋心

自身の心を使ってできるものが「息」であり、マニュアルでもオートマチックでも自由自在にできる、ということが文字にも現われています。

ここで、くわしくお話しする「呼吸法」というのは、自分でコントロールをする腹式呼吸のことです。

腹式呼吸の特徴は、横隔膜を動かしながら、息を吸うときにお腹を目いっぱい膨らませ、吐くときにはおなかをぺったんこにする、というもので、声楽家や舞台俳優など、大きな声を出す職業の方やヨガを行なう場合には、意識して行なうことが知られています。

では、私たちが無意識に行なっている自発呼吸と、意識的に行なっている腹式呼吸とはどこが違うのでしょうか（図表2）。

腹式呼吸を行なうときには、吸気で腹部を大きく膨らませ、呼気で腹部をぺったんこにします。その際に、横隔膜が上下に動きます。この横隔膜は胸部と腹部の境にあり、腹式呼吸で横隔膜を下げることにより、交感神経、副交感神

図表2 ● 腹式呼吸と自発呼吸の違い

自発呼吸	腹式呼吸
●オートマチック（無意識に行なっている）	●マニュアル（自分の意志でコントロールすることができる）
●横隔膜が動かない	●横隔膜が動く（内臓のマッサージを行なうことができる）
●交感神経優位→リラックスしない	●副交感神経優位→リラックスできる
●気が出ない	●気が出る

経がある自律神経系のうちの副交感神経の活動が優位になるのです（図表3）。

副交感神経が優位になると、身体の内側からリラックス反応が起こり、交感神経が優位だったときの筋肉の緊張を解いたり、ストレスで疲労した心を休めたりという心身の修復をはかってくれます。

私たちが、何かの仕事に根を詰めた後や緊張感の走る会議などが終わった後に大きなため息をつくのは、知らずしらずのうちに腹式呼吸で深呼吸をし、身体と心のこわばりを除去しようとしているのではないでしょうか。

誰でもできる即席リラックス法「腹式呼吸」

蘊蓄はこのあたりまでにして、実際にリラックスを体感してみましょう。もしスペースがあるなら、あおむけに寝ながら行なっていただく

図表3 ● 交感神経と副交感神経の違い

自律神経の主な特徴（呼吸時）	
交感神経	副交感神経
●活動しているとき、緊張しているときに働く ●心臓の鼓動が速くなる ●血管が縮む ●血圧が高くなる ●呼吸が浅く、速くなる	●休息しているとき、リラックスしているときに働く ●心臓の鼓動が遅くなる ●血管が広がる ●血圧が低くなる ●呼吸が深く、ゆっくりになる

のが最も効果的ですが、ここでは自分のデスクなど、座っていても簡単にできる方法をご紹介します。

①背もたれに寄りかからず、背筋を伸ばして座りましょう。手のひらをおへその下あたりに添えてください。

②軽く目を閉じて、今身体の中にあるものをまず吐き出してください。鼻からでも、口からでも、ご自身の楽なほうで構いません。

③鼻から6カウントで大きく息を吸って、その息がお腹を大きく膨らませていく感覚を味わいましょう。手のひらがお腹で押されているのを感じてください。

④お腹が大きく膨らんだら、8カウントでその息を吐き出しましょう。その際、自分の中にある嫌な気持ちやストレスなどを息に乗せてすべて吐き出し、お腹をぺったんこにしましょう。手のひらでお腹の薄さを感じます。

⑤また、鼻から6カウントで大きく息を吸います。その際、よい香りを嗅ぐように、よいものを体に取り入れて、体の隅々の血管の中にまで行き渡らせるようなイメージを描きましょう。

これを、気持ちが落ち着くまで何度か繰り返してみてください。

息を吐くときも吸うときも、なるべくゆっくりと細く長く呼吸をし、そして吐くときも吸うときも、全身の空気を入れ換えるようなイメージを思い描いてください。

何回か行なって、「落ち着いたなあ」と感じたら、ゆっくりと目を開けてください。ずいぶん気持ちがすっきりしていることと思います。

また、イメージですが、これはあなたの持つ感覚を大切にしてください。いい香りと聞いて、コーヒーの香りを思い浮かべる方もいるし、花の香りを思い浮かべる方もいるでしょう。また、焼きたてのパンのにおいという方もいるかもしれません。


❗腹式呼吸で心身を修復することができます。

2章

勇気づける人になろう

The Skills to Encourage Oneself

「ほめる」と「勇気づける」の違い

「ほめる」≠「勇気づける」

「勇気づけ」をテーマに研修や講演活動を行なっていると、いつも寄せられるのは、『『勇気づける』と『ほめる』って、何が違うんですか。同じことでしょう?』「歯の浮くようなセリフで、勇気づけの言葉をかけるなんてできませんよ」などといったご意見です。

なるほど、たしかに現在、子育てなどでも「ほめて育てる」「叱らない」という考えが主流になりつつあり、書店の育児書コーナーを通りかかると、似たようなタイトルの育児書がずらりと並んでいます。

そして、そのタイトルだけを鵜呑みにしてしまって、「うちの子はほめて育てる、叱らない教育を実践しています」と主張して、子どもが公共の場などで周りに迷惑をかけても注意をしない親が増えている、という話も耳にします。

このような状況は、決してあるべき姿ではありません。そこで、「勇気づけ」について、誤解されがちな、「ほめる」と比較してその違いを説明します(図表4)。

「ほめる」と「勇気づける」の七つの大きな違い

大きな特徴のひとつとして、「ほめる」は相手が成功したときにしか使えませんが、「勇気づける」は成功したときのみならず、残念ながら失敗したときにも使うことができます。

たとえば、新入社員がはじめて1人で新規開拓に行き、1週間回ってようやく1件の契約を取り付けてきたとしましょう。

ほめる態度：よくやったなぁ、やればできるじゃないか。この調子でこれからもがんばれよ！

勇気づける態度：努力が実ったなぁ。工夫して取り組んでいた成果が出たじゃないか。すごく頼もしく感じてうれしいよ

図表4 ●「ほめる」と「勇気づける」の違い

	ほめる	勇気づける
状況	相手が、自分の期待していることを達成したとき（条件付き）	相手が達成したときだけでなく、失敗したときもあらゆる状況で（無条件）
関心	与える側の関心で	与えられる側の関心で
態度	一種の褒美として、上から下への関係として与える態度	ありのままの相手に共感する態度で
対象	「行為をした人」に対して与えられる	「行為」に対して与えられる
波及効果	他人との競争に意識が向かい、周囲の評価を気にするようになる	自分の成長、進歩に意識が向かい、自立心と責任感が育まれる
印象	口先だけだと受け取られかねない	心からのものであると相手に通じる
継続性	その場限りの満足感を刺激するため、明日への意欲が生まれにくい	明日への意欲を生み、継続性が高い

（拙著『勇気づけの心理学 増補・改訂版』金子書房）

では、もう1人の新入社員が、同様に1週間回って1件の契約も取り付けられなかったときはどうでしょう。まず、自分が期待していることを達成できなかったので、大前提として「ほめる」ことはできません。その代わりに、失望の気持ちが現われてしまいます。

失望した態度で：おいおい、どうしたんだよ。同期のあいつは契約を取ってきたぞ。なんで、お前はできないんだよ。がんばってくれよ

一方、勇気づけは表中にあるように、相手が達成したときだけでなく、失敗したときもあらゆる状況で行なうことができます。

勇気づける態度：がんばって、毎日外に出ていたけど残念だったなあ。自分が一番悔しいと思うけれど、この1週間で学べたことはたくさんあるように見えるよ。何か相談があったら、いつでも乗るからな

次に、「ほめる」はあくまでも与える側の関心であり、与える側が成功・失敗などの線引きを行なって評価します。ですから、2人が同じことをやっても、1人はほめられ、1人は当たり前として受け取られて言及すらされない、ということさえあります。

一方、「勇気づける」は、「与えられる側の関心に関心を向ける」ため、誰かと比較をするようなことはありません。

さらに三つめとして、「ほめる」は、ほめる側がほめられる側を「評価」するため、おのずと上下関係、そしていわゆる上から目線、というものが生まれます。これは、人として対等な関係ではありません。

しかし、「勇気づける」は、ありのままの相手に「共感」する態度です。共感は、「相手の関心に関心を持つこと」「相手の目で見、耳で聴き、心で感じる」という態度ですから、そこには上も下もありません。横に寄り添うといった感覚です。

四つめには、その対象についての違いが挙げられます。ほめるのは「行為をした人」そのものに対してですが、勇気づけるのは、「その人がした行為」に対してです。

ですから、先の新入社員の例で挙げたように、「(君は) よくやったなあ」は「ほめる」であり、「(君が行なった) 努力が実ってうれしいよ」は、「勇気づける」となるのです。

五つめは波及効果の違いです。ほめられた場合も勇気づけられた場合も、「次もがんばろう!」と思うのはとてもいいことなのですが、人はほめられ続けると、どうしても他人との競争に意識が向かいがちになり、周囲の評価を気にするようになります。「自分」も「あの人」もほめられているのだから、「次は、あの人に負けないようにしなければ」と思うようになるのは当然のことと言えるでしょう。

しかし、勇気づけの場合は、「自分が行なった行為」に対するものですから、もっと自分の行為をよくしよう、次はこんな工夫をしよう、といったような、自分自身の成長や進歩に意識が向かい、自立心と責任感が育まれていきます。

六つめは印象の違いです。もちろん、与える側の態度や言い方にも左右されますが、行為に対して行なわれる「勇気づけ」は、与えられる側からすれば、自分がしたことをきちんと見ていてくれた、わかってくれたと思うことができるため、心から心に届きやすいと言えます。それに対して、人を評価する「ほめる」は、表面だけの印象がぬぐえない場合があります。

最後に、継続性の違いです。勇気づける対応は、上記の例にもあったように、認められているという感覚を与えられる側にもたらすため、今後の活力につながりやすいものです。

しかしながら、ほめる対応では、上から目線の評価的なものであり、他人との比較などがなされやすいことから、その場ではうれしく感じるかもしれませんが、継続的なやる気をもたらすものとは言い難い面があります。

いかがでしょう。もちろん、「ほめる」と「勇気づける」には似た側面があります。ベン図でいうところの重なった部分が多いのですが、これだけの違いがあります。

あなたは、それでも勇気づけずに、これからもほめ続けますか？

❗相手の「行為」が失敗でも、「勇気づける」ことができます。

真の楽観主義

悲観主義は勇気くじきの大きな要因

1章－4「意志の力で楽観的に」でもお話ししましたが、ここ一番、というときに楽観主義でいられるか、それとも悲観的なものの見方をしてしまうか、は大きな分かれ道と言えます。とくに対人関係上、悲観主義な態度で相手に接していると、勇気づけの逆の態度である「勇気くじき」につながる可能性が高まります。

ここで、改めて悲観主義、そして楽観主義について分析してみましょう。

悲観【ひかん】《名・ス自》物事がうまくいかないので希望を失い悲しむこと。がっかりすること。悲しんで失望すること。⇕楽観

――てき【――的】《ダナ》将来に希望が持てないさま。「――な状況」。また、すべての事態を悪い方に考えがちな性向。「彼は――すぎる」

楽観【らっかん】《名・ス他》すべての事態を良い方に考えて心配しないこと。⇕悲

観。「――的な見方」

（『岩波国語辞典』第4版）

ここに、もうひとつつけ加えたいことがあります。それは、フランスの哲学者アラン（本名エミール＝オーギュスト・シャルティエ）の『幸福論』（1993年　集英社）の最後の章「誓うべし」の冒頭に書かれている言葉です。

悲観主義は気分のものであり、楽観主義は意志のものである

私たち人間は、気分に左右されることがしばしばあります。雰囲気と言い換えてもいいでしょう。雨が続いたり、手足が凍えるような寒い日が続いたり、うんざりするような暑さが続いたりするだけで、何だか気分がよくない、機嫌が悪くなる、という経験は、みなさんもあるのではないでしょうか。

あるいは、職場や家庭に1人でも機嫌が悪い人がいると、全体の雰囲気まで淀んでしまって何だかつまらない、沈んでしまうということはないでしょうか。

悲観主義は、このような気分、雰囲気、ムードから生まれやすいものです。何の根拠もないのに、「ああ嫌だ。きっと、明日もこうに違いない」とか、「また、嫌なことが続くようだ」と、

悪いほうへ悪いほうへと流されていってしまうのです。水が、高いところから低いところに流れるように、それはいとも簡単に押し流されてしまいます。

気分を断ち切るもの、それは意志の力

そんな流れを、断ち切るものは何でしょうか。それは他ならない、あなた自身の「意志の力」です。流れに身を任せているだけでは、悲観主義から楽観主義へ舵を切ることはできません。悲観の波に流されているとき、エイッと身体に力を入れて、沖のほうへ戻って泳ぐのに必要なのは、あなたの決断なのです。

「毎日、雨が降り続いている。でも、明日は晴れるかもしれない！」

「就職活動で、なかなか内定が出ない。でも、今日は手ごたえがあった！　いけるかもしれない！」

「ダメだダメだ」と思って、自分のダメな部分にばかり注目していたら、〝ダメの波〟から逃れることはできません。自分自身の可能性を信じて、ものごとのよい面に注目して、そしてその部分を取り出し、磨き、光らせるのはあなた自身の力なのです。

「そんなことを言ったって、長年しみついた考え方は簡単に変えられないよ……」

そうでしょうか。悲観主義は誰かに押し付けられ、そうしなければならなかった考え方でしょうか。いいえ、今まであなた自身が選んできた考え方です。楽観主義と悲観主義の分かれ道

があったとき、あなたは無意識に悲観主義を選んできただけなのです。

私たちは毎日、絶えず何らかの選択を迫られて生活しています。

「コーヒー？　紅茶？」「ごはん？　パン？」「和食？　中華？」「ニュース？　バラエティ番組？」。そして、「悲観主義？　楽観主義？」

今日から、あなた自身が楽観主義を選べばいいだけの話です。誰に強制されるわけでもありません。楽観主義を選べば、それは勇気くじきから脱出し、勇気づけの道へと歩んでいく大切な第一歩になるのです。

これから先、何千回何万回と楽観主義か悲観主義かを選ぶ場面が訪れるでしょう。それも、苦しい場面でその選択を迫られることが多々あるでしょう。そのとき、思い出してください。

そして呪文のように、おまじないのように唱えてみてください。

「楽観主義は意志！」と。

そうすれば、もう、あなたは楽観主義の道への第一歩を踏み出すことができます。

楽観主義と楽天主義

そろそろ、お気づきの方がいるかもしれません。本書でお伝えしている楽観主義は、国語辞典の「楽観」にある「すべての事態を良い方に考えて心配しないこと」といった、「楽天主義」——あえてその考え方を「楽天主義」と呼びます——とは違います。「いわゆる楽観主義」、あるいは「楽天主義」と識別する意味で、本書の言う楽観主義を「真の楽観主義」と呼ぶとしたら、両者には次のような違いがあります（図表5）。

周囲を見回してみると、いわゆる楽観主義（楽天主義）の立場を取る人がかなりいます。この人たちの特徴は、現実を甘く見、脇が甘く、嫌なことを避け、ムード（気分）で動くという傾向があります。こんな人たちを、私は「現実逃避の楽天主義者」と呼んでいます。

本当か嘘かは知りませんが、こんな話があります。

ダチョウは危険が迫ると、砂に頭を突っ込んで、敵を見まいとする習性があるのだそうです。いわゆる楽観主義者（楽天主義者）が取りそうな行動です。

しかし、真の楽観主義の立場に立つ人は、危

図表5 ●「真の楽観主義」と「楽天主義」の違い

真の楽観主義	いわゆる楽観主義（楽天主義）
これから先は、よいことも悪いことも起こると考える	これから先は、よいことしか起こらないと考える
事態は、よい方向だけでなく悪い方向にいくことがあるので、必要な手立てを施す	すべての事態をよい方向にいくと考えて、心配しないようにしようと甘く見る
苦しいことにも進んで手を付ける	ワクワクすることだけに手を付ける
意志力で動く	ムード（気分）で動く
＜現実直視の楽観主義者＞	**＜現実逃避の楽天主義者＞**

険が迫っても現実をありのままに見据え、最悪事態への手立ても怠りません。意志の力を駆使しながら、苦しいことにも進んで手を付けます。

このような人たちは、「結果はどうなるかわからないが、自分としてベストを尽くそう」という強い信念に支えられています。

就職活動中の学生を例にとると、楽天主義者は、内定が得られなくても「何とかなるだろう」という甘い考えから抜け出すことができず、やがては就職先のランクを落としたり、就職できないで終わったりするのに対して、真の楽観主義者は、内定を取れなかったことの要因を分析して、その教訓を次に活かすことができるタイプの人です。

❗ これからはあなたの選択で、楽観主義の道を歩むことができます。

目的（未来）を見つめよう

「なぜ（Why）」が、相手の勇気をくじく

何か失敗をしてしまったとき、「どうして、失敗してしまったのだろう」「なぜ、うまくできなかったのだろう」「何が悪かったんだろう」と、人は考えがちです。これは、有名なトヨタ生産方式でも「なぜなぜ分析」と言って、「ある事象（主にミスや事故、失敗）に対して、「なぜ」という疑問を5回ぶつけてみる」という、問題の原因追及などで知られている方式です。

モノや機械が原因で失敗が起きた場合、この方法は有効です。なぜなら、最終的な答えは限定されたものであり、物理的に修正できるもの、もしくは人間の意志が入っていないものだからです。

「なぜ、商品に異物が混入したのか」
「なぜ、このパソコンは立ち上がらなくなったのか」
「なぜ、今年の果物は甘くないのか」

では、これを人に向かって言うとどうなるでしょうか。

「なぜ、君は仕事が遅いんだ」

「なぜ、こんな失敗をしたんだ」

「なぜ、言った通りにできないのか」

これらの質問は多くの場合、言われた側にとっては〝詰問〟にしか聞こえません。突き詰めていくと「能力がない」、あるいは「やる気がない」という、どちらかの答えを出さざるを得ないからです。これは、人格否定をされているような気さえしてくる質問です。

しかも、質問者側がこのような問いを投げかける場合、その意図は理由の詳細を聞くことではありません。「申し訳ありませんでした」「ごめんなさい」という謝罪を引き出したいだけなのです。

それは、他人に対してだけではなく、自分に対して向けた場合、反省をするというよりも自責の念を引き起こし、自己嫌悪感を高める方向に力が向けられがちです。他人に向けても、自分に向けても、いずれも勇気くじきの要素が高いのが、「なぜ（Why）」の質問なのです。

目的論と原因論の大きな違い

では、どうするのが適切なのでしょうか。「なぜ、〇〇だったんだろう」という、過去や原因をほじくり返す「原因論」をいったんやめにして、「どうすればよくなるだろう」「どうやって改善すればいいだろう」「何のために、これをするのだろう」という未来や目的に焦点をあてる、「目的論」の考え方を試してみてください（図表6）。

下表に、原因論と目的論の違いを挙げました。原因論では、過去に起きた何かが現在の生活や考え方に支配的な影響を及ぼすと考えているのに対して、目的論では、たとえ過去に何があろうとも、未来の目標を持つことによって現在の状態や境遇を変えたり、選び取ることができるとしています。

また、前項「真の楽観主義」の裏付けともなりますが、目的論は個人の意志が問われるものであり、自分自身で決定するという責任が伴うものでもあります。「子どもの頃、親や教師に

図表6 ●「原因論」と「目的論」の違い

原因論 **＜原因・結果アプローチ＞**	**目的論** **＜目的・手段アプローチ＞**
過去の原因が、現在に支配的な影響を及ぼす［過去志向］	未来の目標が現在を規定する［未来志向］
意志は問われない［個人の場合は希薄か、主体性なし］	意志が問われる［個人の主体性あり］
環境の被害者・犠牲者の色彩を与える［被害者・犠牲者意識］	創造的な当事者としての意識を植え付ける［当事者意識］
本人の勇気をくじく **［勇気くじき］**	**本人に勇気を与える** **［勇気づけ］**

こう言われたからこうなったんだ」というような、責任回避的な言い訳は通用しない厳しさがあります。

だからこそ、自分の運命は自分の手で切り拓くという決意が生まれ、自分自身に活力を与える「勇気づけ」にもつながってくるのです。

「なぜ（Why）」を「どうやって（How）」や「何のために（What for）」に変えてみる

それでは、具体的にどうすればいいのでしょうか。先ほどの質問の、「なぜ」を置き換えてみましょう。

「なぜ、君は仕事が遅いんだ？」

⬅

「仕事を速くするには、どうしたらいいと思う？」

「なぜ、仕事が遅いんだ」と言われたら、「すみません」「申し訳ありません」と言うしかありませんが、「仕事を速くするには、どうしたらいいと思う？」と聞かれたら、建設的な問題解決方法が浮かび上がって来ないでしょうか？

たとえば、「手順を、見えるところに貼っておく」「ファイルを分けてデータを整理する」

「仕事の優先順位を、常に確認するようにする」などです。そのアイデアを相談したり、練り直したりして、実行すればいいだけです。

「なぜ、こんな失敗をしたんだ?」

⬅

「何のために、このやり方をやっ(て失敗し)たんだろう」

そもそも、最初から失敗しようと思って仕事に取り組む人はいません。誰でも、成功しようという目的を持って仕事を始め、結果として失敗してしまっただけの話です。そのため、その途中段階では、「こうしようと思って、○○をしました」という目的があるはずであり、そこを共通認識として修正し、すり合わせを行なうという段階を踏めば、次は同じ失敗をすることはないでしょう。

目的志向に変えることによって、失敗を失敗として終わらせるのではなく、失敗から多くを学ぶことができるのです。

「なぜ、言った通りにできないの?」

⬅

「どのように言ったら（説明したら）、わかりやすいかな？」

子どもだけではなく、経験が浅い新入社員やアルバイトなどにも言えますが、ベテランとビギナーの間には共通言語がありません。ベテランは、ついついそのことを忘れてしまい、自分がわかっている言語で話してしまいます。寿司屋の符牒などと同じで、「素人にはわからない」ということもあるのです。

それを、頭ごなしに「なぜ、言った通りにできないの」と言われても、言われたほうは「申し訳ありません」「ごめんなさい」と口では言いながら、腹の中では「何を言ってるのかわかんないんだよ」とつぶやく、といった状況は容易に想像できます。

そこで、相手にわかってもらうためには、「どうやって（How）」という目的に向かう言葉を使うと、解決方法は見えてきます。また、この言葉で誰も傷つくことはないし、腹の中に不満を溜めることもありません。

これが、目的（未来）を見つめることの大切さです。誰も不快にならず、そして原因を探るよりも簡単に答えが浮かび上がるという、何にも勝る利点がある、ということがおわかりいただけるでしょう。

❗ 失敗も目的のプロセスと捉えれば、解決方法が見えてきます。

「聴き上手」で接する

ただ聴いてもらえるというありがたさ

ここで、思い浮かべてみてください。つらい出来事があって、立ち直れないほど打ちひしがれているとき。どうしようもなく、悔しくて腹が立って仕方がないとき。1人では抱えきれないほどの悩みを持てあましているとき。

あなたの目の前に、今2人の人がいます。1人は、話が非常にうまくて頭の回転が速い人。あなたが、「こんなことがあったんです……」と話し始めると、理路整然とその話を分析し、「あなたの行動の、この部分に問題がありましたね。この場合、あなたはAパターンで行動を起こすべきだったのですが、今となっては手遅れですから、今後はこちらの方法で解決をしていきましょう」と、コンピュータのように正確な答えを出してくれます。

もう1人は口下手です。でも、あなたが、「こんなことがあったんです……」と話し始めると、そっと寄り添い、うなずき、あいづちを打ちながら、最後までじっくりと話を聴いてくれます。あなたの話に口を挟むこともなければ、茶々を入れることもなく、また意見をしたり、良し悪しの判断をすることもありません。ただ、あなたの話をじっくりと聴いてくれて、目が合うとうなずいてくれるのです。

あなたは、どちらの人に心の内を打ち明けたいでしょうか。

多くの方は、後者ではないでしょうか。心がつらいとき、苦しいとき、悲しいとき、悔しいとき、家族や友人に話を聴いてほしいというのは、打開策を教えてもらいたいとか、具体的な解決策をアドバイスしてほしいということとイコールではありません。ただ、何も言わずに聴いてほしいだけのことが多いのです。

アドバイスがほしいときや指示、指導がほしいときは、心情的につらいときではなく、迷っているときや情報が錯綜して混乱しているときなのです。

身の周りの人が「ちょっと話を聴いてもらえますか」と、あなたに声をかけてきたとき、あなたはどちらの対応をしているでしょうか。よかれと思って、ああしたほうがいい、こうしたほうがいいと、相手が求めていないことをしていませんか？

上手な聴き方の技術を身につけよう

それでは、「聴く」技術を向上させるために、私たちは何を心がければいいのでしょうか。

大切なのは、次の3点です。

①自分の話したい気持ちをコントロールすること
②観察上手になること
③相手を話し上手にさせる対応を行なうこと

相手はあなたから、ありがたいお説教を聴きたいわけではありません。自分の話や思いを聴いてほしがっているのです。ですからあなたは、「自分が話したい誘惑」に打ち克つ必要があります。

これは、話を聴いている間中、ずっと石のように黙っていなければならないということではありません。ただ、相手が何かを伝えようとしている、もしくは大事なことを話したがっているときには、よけいな言葉を挟まず、「聴く」モードで相手に向き合っていただきたいのです。

相手が何かを打ち明けているとき、「そうなんだ。ところでさあ……」と、相手の話を取るようなことは無粋の極みと言えるでしょう。

相手は身体全体で語っている

次に大切なのは、「観察上手になる」ということです。

相手の言葉を耳で聴くだけではなく、そのときの表情や声のトーン、背筋が丸まっているか伸びているか、貧乏ゆすりをしたりしょっちゅう足を組み替えたりしていないか、そわそわ落ち着かない様子はないか、きょろきょろあたりをうかがったり、おどおどした表情をしていないか……あなたの感覚器官を駆使して、相手をしっかり観察してみてください。

　つらい話や打ち明け話をするとき、人は緊張します。そのため、「おや？　いつもと様子が違う？」と感じることがあるはずです。いつもと同じ「大丈夫だよ」という言葉でも、笑顔で胸を張って大きな声で言うのと、うつむいて視線を落としたまま、聴き取れないくらいの小声で言うのとでは大違いです。

　言っていることだけを汲み取るのではなく、相手をじっくりと観察して、その心の中を思いやる気持ちを持つようにしてください。

　相手は心のどこかで、空元気の「大丈夫」「心配しないで」を見破ってほしいと願っています。あなたにも、身に覚えがあるのではない

図表7 ● 人を観察するためのポイント

視覚的要素	聴覚的要素
眼球	語調
表情	声の大きさ
身振り・手振り	話のスピード
姿勢	間の取り方
呼吸の速さ	擬態語（バーッ、ガンガンなど）

でしょうか（図表7）。

どうすれば話しやすくなるのか

ぽつりぽつりでも、自分からいろいろなことを話してくれる人は対応もしやすいでしょう。しかし、ふっと口をつぐんでしまってだんまりの状態が続いたり、あるいはどこかでへそを曲げてしまって、「もういい。話したくない」となってしまった場合、どうすればいいのでしょうか。

相手だけの問題ならまだしも、あなたにも関係のあることだとしたら、困ってしまいます。では、どうすれば人は話しやすくなるのでしょうか。

それは、聴く側の姿勢・態度、距離・角度、あいづち、質問、確認などの実際の対応に左右されます。

この姿勢・態度に関して、よく聴き方の本で、「椅子に浅く腰をかけて、身を乗り出すように」と書かれていることがありますが、もし自分が相手だったらどうでしょう。何か好奇心たっぷりに詮索されているような気にならないでしょうか？　それよりも、相手に合わせて違和感を感じさせないような態度のほうが自然な感じがしないでしょうか。

また、距離・角度ですが、人にはパーソナルスペースと言われる距離感覚があります。片手を伸ばした範囲内は、よほど親しい人でないと入ってほしくないという本能が人間にはあるため、あまりにも相手に近づきすぎるのは、相手に圧迫感を与えることになります。

かと言って離れすぎているのも、話を聴いてもらっている気がしません。また、座る角度も、真正面ではまるで面接です。「緊張しろ」と言われているようなものです。ここは相手に、「このくらいでどうかな?」と聴いてみるのがいいでしょう。

あいづち、質問、確認は、相手をよく観察したうえで、「あなたの話をきちんと聴いているよ」という合図で出すものです。それは67ページの①、②を実践することで自ずと出てくるものであり、無理をしてひねり出すものではありません。

❗相手の話を「聴く」には、自分を出さずに相手の気持ちを思いやりましょう。

着眼大局

木からではなく、森から見始める

勇気づける人の大きな特徴のひとつが、「大局を見ることができる」ということです。ものごと、とくに人が関わることに関して、高い位置から広い範囲で、長期的な展望で見られる人が、局部的に、近視眼的に、短期的な見方をする人よりも、勇気づけに優れています。

もちろん、ときには精緻にものごとを進めなければならない場合もあります。モノやお金、医療に関わること、人の安全に関わることなどは、寸分の間違いがあってはならないし、ちょっとしたミスや見落としが重大な事態に発展する場合があります。

しかし、ここで申し上げているのは、人とのコミュニケーションに関わる部分についてです。コミュニケーションを軸に置いた場合、細部にこだわって重箱の隅をつつくようなことをして、それを他人に強要すると、たいがいは疎まれ、人が近づいて来なくなります。かと言って、何でも大雑把に「いいよいいよ、大丈夫、問題ないよ」と言えばいい、というわけでもありません。

大切なのは、まず、1本1本の木ではなく、全体像である森や山を見ることです。そのどこかで、山火事が起きていたら、全力を尽くして火事を消し止めなければなりません。全体に燃え広がらないうちに、すぐに手を打つ必要があります。

しかし、森全体が緑が濃く、実りがあって健康的に木が育っているようであれば、その中の数本の木が曲がって生えていようと、数本の木が朽ちていようと、それは自然の摂理です。そのことを大きく取り上げて、「この森にはこんな問題がある！　由々しき事態だ！　林野庁と環境庁を呼べ！」などと大騒ぎする必要はないのです。

重箱の隅をつつかれたい人はいない

勇気づける人は、森全体を見るように、はじめに大局を見ます。全体像の中で何が本質的な部分なのか。もし問題があるとしたら、全体にどのような影響を及ぼしているのか。それを見極めてから、個々の事態に対処していきます。

ここで、ひとつ想像をしてみてください。最近、外食が続き、お酒を飲む機会が多く、休日もゴロゴロしている日が続いて不摂生をしている自覚のあるあなたが、健康診断を受けました。さあ、これからドクターに結果を聴きに行きます。少し気の弱いあなたの心臓は、すでにドキドキしています。

ドクターAいわく、「ガンマGTPの値とコレステロールがねえ、ちょっとなんだけど、正常値をオーバーしているんだよねえ。わかる？　ここの数値。お酒は毎日どのくらい飲むの？あ、そう。揚げ物とかも好き？　そうでしょう、そうでしょう。それから高脂血症も気になるねえ……自覚あります？　あ、そう。自覚があるんだったら、どうにかならなかったのかねえ。う〜ん、でも、まあ大丈夫でしょう、これくらいなら」

ドクターBいわく、「全体としては問題ありません。大丈夫ですよ。ほとんどの数値が正常の範囲内に収まっているし、健康体です。ただ、ガンマGTPとコレステロールだけが、正常値よりちょっと高いので気をつけるようにしてください。高脂血症も気になるので、脂質は少し控えて、バランスの取れた食事を心がけてください」

ドクターAもBも、結論としては「大丈夫」なのです。ドクターAは、数値をあなたに確認させたりして、丁寧に説明しているつもりになっています。食生活の問診も、ドクターBより細かく聞いています。そのことを踏まえて、あなたはどちらのドクターにかかりたいですか。

多くの方は、ドクターBと即答するのではないでしょうか。ドクターAは、細部にこだわることによって、かなり勇気くじきをしていることがおわかりになるでしょうか。

もちろん、医師という職業上、細部にチェックを入れるのは当然です。しかし、細部にばかり気を取られ、そのうえ針小棒大に言われたら、どれだけ気持ちがくじかれるでしょうか。細部にだけしか目を向けず、全体像を見失ってしまったら、それは手段の目的化に他なりません。

一方、ドクターBは、まず全体像の説明をしています。全体としてどうなのか。大丈夫である、問題ない。それで、あなたはほっと胸をなでおろすことができるでしょう。その後で、細かい部分の指摘をされれば、大きな不安は取り除かれているため、相手の言うことを素直に受け取ることができるのです。

私的論理を振りかざさず、共通感覚でものごとを捉える

その人なりの価値観やものの見方――これを、「私的論理」と言います。細部にこだわる人は、この私的論理にがんじがらめになっていると言えます。自分の考えや見方が正しいと信じ、それを正義の御旗として振りかざしながら相手をバッサバッサとなぎ倒し、裁いているつもりになってしまうのです。

たとえ、すばらしく美しい絵であったとしても、「この家の屋根は赤ではなく、グレーであるべきだ」という考えにとらわれてしまうと、その絵のよさを楽しむことができません。

この私的論理を強く持っている人は、本人もつらいし、つまらないだろうと思います。「こうあらねばならない」という思い込みにとらわれ、それに適合しないもの――いわゆる重箱の隅――を無意識に探してしまうからです。

しかし、勇気づける人は前述の通り、まず大局を見ることを心がけています。もちろん勇気づける人も、多かれ少なかれ私的論理は持っているでしょう。しかし、それにとらわれることなく、周りの仲間と合意することができる、より幅広い感覚――これを「共通感覚」と言う

——をもとに、ものごとに対処することができるのです。

ふだんのあなたはいかがでしょうか？　山や森を、ワイドな視点で見ていますか？　それとも、気になるところにギューッとフォーカスをあててそこばかり見ているでしょうか。

フォーカスをあててばかりいるかもしれない、と思った方は、まずワイドで見る、ということを心がけてみてください。全体像を見渡して、細部を見るのはそれからにしてみましょう。きっと、あなたのコミュニケーションはよりよいほうに変わっていくはずです。

❗ 自分の価値観ばかりにこだわると、相手の細部にしか目が行かなくなってしまいます。

ユーモアのセンス

免疫力を高め、活力を高めるホルモンを分泌してくれるもの

腫瘍細胞やウイルス感染細胞を拒絶するナチュラルキラー細胞（ＮＫ細胞）をごぞんじでしょうか。正常な細胞を傷つけることなく、がん細胞など身体に異常を引き起こす細胞を攻撃してくれるという、非常に有益な細胞です。この、ありがたいＮＫ細胞を活性化してくれるのが、「笑い」であるということは、１９９０年代はじめ頃から、さまざまなメディアで発表されてきました。

中でも有名なのは、１９９１年に男女19人のがん患者、心臓病患者が大阪の喜劇の殿堂、なんばグランド花月で3時間大笑いした前後、血液検査で免疫力の差異を計った結果、明らかな効果が現われた、というもので、これはロイター通信によって世界中に発信され、話題となりました。

このように、「笑うこと」が人間の活力を高めてくれるのだとしたら、ユーモアのセンスを持って、いつでも周囲を笑わせ、明るくしてくれる人は、まさに「勇気づける人」に他なりま

せん。

人は、ときに大きな悲しみに包まれたり、逃れようのない苦しみにさいなまれたりすることがあります。あまりにもショックな出来事に直面すると、苦しみや悲しみを封印するために感情を抑え込み、その結果、表情をなくしてしまうこともあります。

しかし、そんな中、何かのきっかけ……それはたまたま隣り合った見知らぬ赤ちゃんの笑顔でも、たまたま目に入った看板に描かれていたダジャレでも、テレビから流れてきた子犬の映像でも何でもいいのですが、ふっと口元がほころんで、笑みがこぼれたときに、勇気と希望の灯が心に灯ることがあります。心がほんのり温かくなり、ああ、またがんばれるかな、と思えるのです。

ユーモアのエッセンスを一滴垂らす

あなたの周りを見渡してみてください。たくさんの人の中で、いつもニコニコと楽しそうに笑っている人はいませんか？　そんな人は、「明るいねえ」「楽しそうだねえ」「悩みなんてないんじゃないの？」と言われることもあるでしょう。

では、本当にその人たちには悩みがなく、つらいことや悲しいこと、嫌な出来事がまったく起こらず、面白おかしいことばかりが身の周りで起きているのでしょうか。

そうではありません。彼らにも、私やあなたと同様につらいことやたいへんなことは起きているはずです。しかし、彼らは、受け止め方を工夫しているのです。悲しいことやつらいことを受け止めたうえで、そこに「ユーモア」というエッセンスを一滴垂らして、そして周りに広めているのです。

アメリカの元国務長官のヒラリー・クリントン氏に、次のようなジョークがあります。

夫のビル・クリントンが、大統領だったときのことです。

ある日、2人でドライブに出かけ、ある町のガソリン・スタンドで給油をすることになりました。

「ヒラリー！　ずいぶん久しぶりだな！」と、夫人はある男性から声をかけられ、その人物と10分ほど親しげに話をすると戻ってきました。

ヒラリーは、その男性が誰か、と夫から問われて、こう答えました。

「彼はね、私と同じクラスだったの。そして、私が年頃になったときに求婚されたのよ」

ビルは、不愉快そうに言いました。

「君は、僕と結婚して幸福だったな。ヤツと結ばれていたら、今頃はガソリン・スタンドの経営者の女房だった」

するとヒラリーは、ビルにこう言い返しました。

「何を言うのよ！　もし彼と結ばれていたら、彼がアメリカの大統領になっていたわ」

このジョークのバリエーションはいくつもありますが、クリントン夫婦なら、いかにもありそうな話です。

笑った側も笑わせた側も勇気が湧き出るユーモア

アメリカにアメリカン・ジョークがあり、日本に小話や落語があるように、世界中にはその土地土地の人々に伝えられてきたユーモアがあります。

日中戦争のような非常時でも、吉本興業が戦地に芸人を派遣した「わらわし隊」があったことは有名ですし、昭和の名人・古今亭志ん生が慰問先の満州で終戦を迎えて、昭和22年まで日本に帰れなかったというエピソードも有名です。

また1999年、主演のロベルト・ベニーニがアカデミー賞主演男優賞を受賞したイタリア映画『ライフ・イズ・ビューティフル』では、ナチスの収容所に入れられたユダヤ系イタリア人の父が、ともに収容された幼い息子に、「これはゲームなんだ。泣いたり、ママに会いたがったりしたら減点。いい子にしていれば点数がもらえて、1000点たまったら勝ち。勝ったら、本物の戦車に乗っておうちに帰れるんだ」とチャーミングな笑顔で話し、過酷な収容所生活を、息子に悟られないようユーモラスに演技します。

人は、こんな絶望の淵や死の恐怖が目の前にあるときでも、ユーモアや笑いによって命を救われることがあり、それが明日への活力につながり、生きる糧にもなります。そしてユーモアには、聴いた側だけでなく、発した側も心が癒されたり勇気が出るという効果があります。

「こんなにつらいことでも、笑い飛ばそうと思えばできるんだ」「あのときは本当に苦しかったけれど、今となっては笑い話になってくれている」と思うことができれば、それは困難を克服したひとつの証となり、その人を成長させるための貴重な財産として有効に使われているということに他なりません。

もちろん、ジョークやユーモアと言われるものの中には、差別（男女、民族、老若、職業、人種……）をベースにしたものもあります。政治風刺や社会風刺は格好のユーモアの種になるし、それによって溜飲が下がるということもあるでしょう。ブラック・ジョークに、目くじらを立てる人を野暮だという気持ちもわかります。

しかし、ひとつだけ気をつけていただきたいのは、誰かを個人的に標的にしたり貶めたりする笑いは、勇気づけとはほど遠い、ということです。ジョークのレパートリーは多いに越したことはありませんが、その内容に関しては、注意を払うようにしてください。

ところで、あなたは今日、声を出して笑いましたか？　または、誰かを朗らかに笑わせましたか？　もしまだなら、ぜひユーモアやジョークの種を探して、心に植えてみてください。毎日毎日続けていけば、春の桜のように満開になる日がやってきますから。

❗「笑い」はがんにも効果があり、もちろん周囲の人を勇気づけることができます。

言葉・イメージ・行動を味方に

断言し、断想し、断行する自分へ

勇気づける力を身につける際、大事なことがあります。それは、「言葉」「イメージ」「行動」の三つを自分の味方につける、ということです。それは、具体的にはどういうことでしょうか。

たとえば今、あなたはなかなか思ったことを口に出せず、つい周りに流されてしまいがちな自分を変えたいという悩みを持っているとします。そして、他人に不快な気持ちを与えることなく、さわやかに自己主張できる人間になりたい、という理想を抱いたとしましょう。

そうしたら、まず、「私は他人に不快な気持ちを与えず、さわやかな自己主張ができる人間だ！」と、自分自身に向けて宣言をしてください。

ここで大切なのは、「私は他人に不快な気持ちを与えず、さわやかな自己主張ができる人間になりたい！」という願望を、口にすることではありません。あくまでも、「さわやかな自己主張ができる人間だ！」と断言をすることなのです。

ここで、「まだ、そうなっていないのに……」という思いは、いったん棚に上げておいてください。そして「断言」をしてください。

次に、「イメージ」です。ここでは、場面を思い浮かべてください。過去に起きたことを思い出すのでもかまいません。過去にうまくふるまえなかった場面だとしても、時間を戻せるとして、そのとき、さわやかな自己主張ができる人間だったら、どのようにふるまうか、をイメージしてください。

最初は、ぼんやりとしたイメージしか浮かばないかもしれませんが、ピントを合わせるように、どんどんクリアにしていってください。自分がさわやかに自己主張している姿を、セリフを、表情を、立ちふるまいを、できるだけ具体的にイメージしてみましょう。

そして、相手もあなたの主張を受け入れて、にっこりと笑って合意している、という姿です。握手している姿などを鮮明に想像してください。その際、どういうセリフを言うかも、細かく考えてみましょう。

「言葉」では「断言」と言いましたが、この「イメージ」でもきっぱりと想像する、いわば「断想」をしてみてください。思っていることができている自分自身の姿の「断想」です。「でも……」は、ここでも棚上げです。

そして、最後に「行動」です。もうおわかりだと思いますが、すでにあなたは、「他人に不快な気持ちを与えず、さわやかな自己主張ができる人」です。そのようにふるまってください。

今までできなかったことを、後ろを向いて探るのではなく、もうできる人間になったかのように行動してください。

思考は現実化していく

「まだ現実になっていないのに、そんなふうに言ったり、したりするなんて、何だか自分をだましているみたいだ」「ハッタリをかましているみたいで、何だか気分が乗らない」と思われた方もいるのではないでしょうか。しかし……。

アメリカの「鉄鋼王」と言われたアンドリュー・カーネギーに依頼されたナポレオン・ヒルは、20年間無報酬で、カーネギーの目にかなった、いわゆる「成功者」500人を徹底的に研究しました。そして、それを系統立ててまとめたのが、『思考は現実化する』（1937年）という本です。この本は、21世紀の今でも超ロングセラーとして知られています。

多くの成功者が語った、その本の中の最も大事な部分は、「人は思い描いた人になる」、つまり「思考は現実化する」という考え方でした。

人は自分のなりたい姿、こうありたいと思った姿を具体的に思い浮かべれば浮かべるほど、意識がそこに近づいていきます。たとえば、「大好きな○○という雑誌のモデルに絶対になる！」と強く決心すると、その人はその雑誌を毎月隅から隅まで読み、編集傾向を把握し、そしてそこに似合う自分をイメージし、その雑誌にふさわしい自分を自然につくり上げていくことができるでしょう。

メイクや服の趣味も、その雑誌に合ったものを選ぶようになるし、モデルという仕事をしたいのであれば、身体もそれにふさわしいように絞り込んでいくでしょう。

何の目標も持たないで、漠然としている同年代の人と比べたら、どちらがその雑誌のモデルに近づいているか、火を見るより明らかです。

また、今会社員をしている人が、「3年以内に、お客を感動させるラーメン屋を○○市にオープンする」と、強く決意をしたとします。

するとその人は、お客を感動させる味を探していろいろなラーメン屋を食べ歩き、自宅でも研究を重ね、さらに市内のどの立地が店を開くのに適しているかをリサーチし、開店資金を貯めるために一心不乱にお金を稼ぐでしょう。

失敗を重ねることがあるかもしれません。思うような味を出せなかったり、忙しい仕事と重なって、立地のリサーチがなかなかできないかもしれません。目標額を貯めるまでの間に、挫折しそうになることもあるでしょう。

でも、先ほどのモデルの例と同様に、明確な目標を持ち続けて3年間過ごした結果の彼は、何の目標も持たずに3年間過ごした人と比べたら、確実にラーメン店の店長に近い位置にいるはずです。

目標を叶えるプロセスの中で、自分を勇気づけることができる

具体的な目標を持つと、その目標に対して、何を、いつまでに、どのようにすればいいのかということを細かく砕いて考えることができるようになります。

ラーメン屋の例で考えると、3年後のオープンのために、今何をしなければならないのか、スケジュールを立てて考えることができます。不動産屋で契約をして、内装を整えて、メニューを決めて、アルバイトを募集して……その前に、オープンまでには最低でも○百万円貯めてとか、調理人としての修業に入るために、いつまでに今勤めている会社を退職するか、などです。「おいしいラーメン屋さん、やりたいなあ」程度のゆるやかな願望だと、ここまで具体的な行動に落とし込むことは難しいでしょう。

そのために、「断言」「断想」「断行」が重要になってくるのです。そのように目標を持った人生は、キラキラと輝いてきます。たとえ会社で上司に嫌味を言われたとしても、そんなことはまったく意に介さず、自分の目標のために邁進することができます。

そして、それが徐々に叶っていくプロセスの中で、人は自分自身を勇気づけていくことができるのです。

! 目標が明確だと、考え方・行動も明確になり、自然と目標に近づいていきます。

習慣化の方法

現状を変えるには抵抗がある

あなたには、どのようなクセがあるでしょうか。どんなものでもかまわないので、少し思い浮かべていただけますか？　貧乏ゆすり、顔のどこかを触る、会話で語尾が伸びる、髪をもてあそぶ、靴の右のかかとばかり擦り減る……など。もし、思い浮かばなければ、身近な人にたずねてみてください。ひとつふたつは、誰でも必ずあるはずです。

小さい頃、指しゃぶりがやめられなかったとか、爪を噛むクセが大人になってもなかなか抜けなかった、または箸や鉛筆の持ち方が悪くて、親に怒られながら直した、という方もいるかもしれません。

そのようなクセや習慣は、何月何日に、こういうきっかけがあって始まった、という明確なスタート地点や根拠があるものは稀です。ほとんどの場合、何となく、いつの間にか、気づいたらこうなっていた、というものではないでしょうか。

試しに今、腕組みをしてみてください。そしてその腕を、左右逆に入れ替えてみてください。

「ん？　あれ？」とならなかったでしょうか？　あるいは、左右の手の指を組んでみてください。今、右の親指が上に来ている方は左が、左の親指が上に来ている方は右が上に来るように組み替えてみてください。何とも言えない違和感を感じないでしょうか？

このように、人には気づかないだけで無意識に行なっているクセが無数にあります。そして、その現状を変える場合、人はこれだけの違和感や抵抗を覚えるのです。

今は目に見える、体で感じられるものだけをお話ししましたが、これは身体の外側だけの問題でしょうか。ここまで読んでくださった方は、もうおわかりかもしれません。これは外側だけの問題ではなく、思考パターンやものの言い方、それに伴う行動などにも大きく影響してくるのです。

不器用でも、自覚的に粘り強く

ではもう一度、おそらく多くの方が経験しているであろう、箸や鉛筆の持ち方の矯正にたとえてお話をしましょう。あなたは、どのようなやり方で矯正していったでしょうか。

まずは、ふだん何気なくやっている自分の箸の持ち方がどうやら変である、美しくない、これはよくない、ということに気づき（あるいは気づかされ）ます。そして、それを直そうと決断します。

人から言われて直す場合でも、「直す」ということに同意し、それを自分で遂行することを決断します。

次に、正しい持ち方で箸を使い始めるのですが、どうにもこうにもやりにくく、使いづらくてとてもイライラします。今までのやり方のほうが、自分としてはよほど器用にご飯を食べることができます。

しかし、そこで元の持ち方に戻したい気持ちをぐっとこらえて、「正しい」とされているやり方を、自覚的に意識的に続けます。時間がかかっても、何度もミスをしても、不器用ながら粘り強く続けていきます。

するとどうでしょう。しばらく経つと、そのやり方が定着し、気がつくと「正しい」「美しい」箸の持ち方で、あなたは器用に日常生活を送っているのです。もう、意識をすることすらありません。それは、あなたのクセ、習慣のひとつになったからです。

これは、箸の使い方に限りません。このような経験のひとつふたつは、みなさんもお持ちなのではないでしょうか。

このように、新しいパターンや習慣を身につけようとするのであれば、まずは今まで器用にできていることを、自覚的に打破していかなければなりません。そこには勇気と忍耐力が必要です。そして、理屈でわかるだけではなく、断固として行動に移し、粘り強く続けていかなければなりません。

たとえば、あなたが「もっと聴き上手になりたい」と思ったとします。最初は、相手と話しているときに自分の話がしたくてたまらず、イライラするかもしれません。相手の話題から自分が話したいことが頭に思い浮かび、その話題を頭の中で組み立て始めてしまい、目の前の話が上の空になってしまうかもしれません。

でも、そこでぐっとこらえて相手の話に自分の意識を戻し、相手の話題を奪うことなく聴き続けます。ちょっとギクシャクすることがあったとしても、それを日々続けていきます。

そうしているうちに、あなたは気がつきます。「ああ、自然に話が聴けている」ということに。

まず3日、そして3ヶ月

「口で言うのは簡単だけど、実行するのはなかなか……」

そのようなご意見も、たくさんいただきます。とくに、「大人になってから、何十年も続けてきた習慣を変えるのは難しい」という方は多いものです。

しかし、もしあなたが本気で変えたいと思うのであれば、今変えないでいつ変えるのでしょうか。今日は、あなたの残りの人生の中で、あなたが一番若い日です。若いあなたがやらないで、誰があなたの悪しきクセや習慣を変えてくれるというのでしょうか。本気で取り組む気持ちがあるなら、明日と言わず今日、今日と言わず今、ここで始める以上のいいタイミングがあるでしょうか。

とはいえ、自らハードルを上へ上へと上げる必要はありません。まずは、始めてみましょう。

そして3日。3日だけ続けてください。

決断・実行・継続していくうえで、ひとつの目安となるのが「3」という単位です。誰もが頭に浮かべる言葉、「三日坊主」でもわかるように、日記、家計簿、自宅トレーニング、ダイエット……みな最初の壁は「3日目」です。この壁を越えると、小さな自信が生まれます。

そして、次の壁「3ヶ月」が見えてきます（3ヶ月が長すぎると感じる方は、3週間を設定してもかまいません）。3ヶ月続けられれば、もう最初の頃の気負いはなくなっていることでしょう。「そうしないと気持ちが悪い」となっている方がいるかもしれません。成果も、ある程度は見えてくるでしょう。

しかし、そのときに聞こえてくるのが、「もう、やめても大丈夫」という悪魔のささやきです。でも、その悪の誘惑に負けずに3年続けることができれば、それはもう本物になり、あなたの一部になります。放っておいても、無意識にその行動を続けられるので、自覚的である必要もなくなります。

まず3日。今日は何月何日何曜日でしょう？　そして3日後は？　その日までやり続けてみませんか？

❗ あなたが自分の何かを変えたいと思うなら、今すぐに始めましょう。

3章

失敗・失意のときの勇気づけ

The Skills to Encourage Oneself

失敗の意味——チャレンジの証、学習のチャンス

失敗した出来事を客観的に振り返る

失敗とひと口に言っても、さまざまな種類の失敗があります。ちょっとした不注意や物忘れが発端での小さな失敗から、謝っても謝りきれない仕事上の重大な失敗まで、いろいろです。

年齢を重ねれば重ねるほど、人は失敗を重ねていきます。命に関わるような重大な失敗はないとしても、日常生活を送っていれば大なり小なり失敗を経験していることと思います。

あなたは、「過去の失敗」を思い浮かべたとき、どんな出来事が思い浮かぶでしょうか。そして、心の中にどんな感情が湧いてくるでしょうか。口の中が苦くなったり、思わず赤面したり、頭を抱えてしまったり、さまざまな感情が脳裏を去来することでしょう。

では、このような切り口で、もう一度振り返ってみてください。あなたは、その失敗を機に、何か変わったことはないでしょうか。たとえば、仕事で見積書の金額の桁数を間違えて上司にこっぴどく叱られて以来、数字のチェックだけは細かくなったとか、テストに名前を書き忘れて赤っ恥をかいて以来、名前だけは必ず確認するようになったとか、恋人にはじめてつくった

料理で大失敗して以来、料理をつくっている最中に必ず味見をするようになった、などです。

誰しも、失敗は苦い思い出とともにあります。失敗した直後にバンザイをしたくなるような人はいません。

しかし、苦しい、心が痛い、思い出したくないと言って、すぐに感情に蓋を閉めてしまうには、もったいないことが失敗には隠されているのです。少し、失敗というものを紐解いてみましょう。

失敗、それはチャレンジの証

そもそも、なぜあなたは失敗したのでしょうか。それは、あることに挑戦、チャレンジをしたからに他なりません。よほどやり慣れたことを除けば、多くの「新たな挑戦」に失敗はつきものとも言えます。あなたの失敗は、できるかできないかわからないことに対して、果敢にチャレンジした証ではないでしょうか。

やったことがないこと、新しく始めたこと、できるかどうか蓋を開けてみないとわからないことにチャレンジする、というのは非常に勇気がいることです。あなたは、そこに積極的に関与したのです。

何もしないで、「きっと失敗するに違いないから、オレはやらない」というずるい人間や、やりもしないくせに、「私がやれば、きっと成功する」などと口だけ達者な人間と比べたら、チャレンジしたあなたの行動は、何と尊いことでしょう。失敗した、ということは、チャレンジをした証なのです。

失敗、それは学習のチャンス

前述のように、失敗をしたという苦い思い出とともに、何か大切なことを学んだ人も多いのではないでしょうか。

「もう、あんな恥ずかしい思いはしたくない」「立ち直れないほどショックだった」「悔やんでも悔やみきれない」――そんな思いをしたからこそ、「こうしてはいけないんだ」「この場合は、こうすることが大事なんだ」という気づきを得ることができたのです。

このような大きな気づきは、誰かから聴いたり、本で読んだりして得られるものではありません。身をもって失敗したからこそ、あなたの経験のひとつになったのです。あなたは、そこから大きな学習のチャンスを得たと言えます。

失敗、それは再出発の原動力

あなたは、まだ致命的な失敗をおかしてはいません。なぜ、そんなことが言い切れるのかって？　簡単です。あなたは今生きていて、この本を手に取って読んでくださっているからです。

「致命的」の意味通り、「命を失いかねないような」失敗をしておらず、少なくとも生きているからです。

もしかしたら、「ある仕事に関しては、もう戻れないし戻りたくない」というような失敗をしたことがある人がいるかもしれません。また、「自分の失敗が原因で、大切なものを失ってしまった」という人もいるかもしれません。

でも、あなたは再出発することができます。それは生きているからです。そして、過去の失敗を踏まえて、同じ轍を踏まない学習もできているはずです。大きな失敗をしてしまったとしても、それを原動力にしましょう。

失敗、それは大きな目標に取り組んだ勲章

もし、あなたが一度失敗をしたとしても、自分自身を恥じる必要はありません。前述した通り、失敗はチャレンジした証であり、上を目指すためのステップでもあるからです。

たとえば、あなたは上司に、「任せたぞ、やってみろ」と言われて、リーダーとなったプロジェクトで、思うような成果が上げられず、「失敗した……」と落ち込んでいるかもしれません。あるいは、「期待に応えられなかった」と、悔しい思いをしているかもしれません。

では、なぜ上司はあなたにリーダーをやらせたのでしょう？　何の考えもなしに、誰でもいいからとリーダーを決めたのでしょうか？　いいえ、そうではありません。あなたならできると見込んだからこそ、リーダーを任せたのです。あなただったら、一所懸命に取り組んでくれ

るだろうと思って任せたのです。
ですから、失敗によって、あなたは大きな目標に取り組んだ勲章を得たと胸を張れるくらいで、自分自身を恥じる必要はないのです。

失敗、それは次の成功の種

失敗をすることによって、自分の「アラ」や「欠点」が見えてくることがあります。ただしそれは、「見ようと思うこと」が大切です。「この失敗は偶然だ！　この私がこんな失敗をするはずがない！」と、失敗に真摯に向き合うことなく、臭いものに蓋とばかりに反省をすることがなければ、気づきは得られません。きちんと失敗に向き合い、反省すべき点や改善すべき点は見直し、そして再チャレンジすることによって、成功は得られるのです。

失敗したままで終わってしまっていたら、成功の体験を得ることはできません。見えてきた「アラ」や「欠点」を直し、そして再度勇気を持ってチャレンジする。そのとき、あなたの失敗は、成功の種となるのです。

❗ 失敗をしない人はいません。大事なのは、失敗を恐れないこと、失敗から学ぶことです。

CHANGEはCHANCE

変えてきたこと、変わってきたこと

2章の「習慣化の方法」でもお話ししましたが、自分が長年身につけてきてしまったクセや習慣、パターンを変えるのは至難の技です。自覚を持って、断固として粘り強く新しいことをやり続けなければなりません。しかし、挫折して元に戻ってしまうことも往々にしてあります。「ダイエット」「禁煙」「こまめな整理整頓」「ギャンブル」「ネットサーフィン」……悪しき習慣を改善しようとして、挫折した経験はあなたにもあることでしょう。もちろん、私にもあります。

しかし、そのような「できなかったこと」にこだわるのではなく、今まででひとつでもいいので、「できたこと」「変えられたこと」を思い出してください。

以前の悪習を、「ああ、そういえばそんなことをしてたんだね。もうすっかりやらなくなったけど」と振り返ることができるとき、人はみな余裕の表情を浮かべます。そして、達成感と満足感を感じることができるのです。

振り返ればわかる、「あのとき」

では、その満足感と達成感を得る前の状態を思い出してみましょう。あなたは悪いこととは知りながら、その習慣を毎日毎日繰り返していました。たとえば健康診断の際、メタボリック症候群で肝臓の数値が悪いという結果が出ているにもかかわらず、どうしても夜の晩酌がやめられない。しかも晩酌の際に、大好きな揚げ物を食べずにはいられないとしましょう。

彼、佐藤さんは言います。

「わかってるんですよ。休肝日を設ければいいんでしょう？　でも、激務でストレスが溜まって、これだけが唯一の楽しみなんですよ。それに、揚げたてのコロッケやポテトフライって、ビールに合うじゃないですか。この楽しみを取り上げられたら、さらにストレスで病気になってしまいますよ」

「人の運命なんて、明日どうなるかわからないんですよ。今、おいしいものを食べないで明日何かあったら後悔しちゃうでしょう？」

何の説得力もない言い訳だらけです。

でもある日、彼は職場で女子社員が、「佐藤さんって、痩せたらカッコいいのにね。何だかだらしなくて老けて見えるのよね」と噂をしていることを知ります。

そして、彼は、「10キロ落として健康的な標準体重になろう。そして肝臓の数値も、基準値内に下げよう」と思い立ち、行動を始めます。今まで晩酌をしていた時間を使って、夜の公園をひたすらジョギングします。最初は、公園の周囲1キロを1周走ってゼイゼイ言っていたのが、3日続け、3週間続け、3ヶ月続ける頃には、10周は楽に走れるようになりました。

体重も面白いように下がり、また下がりはじめたら食べるものも気にするようになり、大好きだった揚げ物も、週に1、2回に減らすようになりました。毎日走っているので、ランニング友だちもでき、市民マラソンに一緒にエントリーしたり、地方の大会に旅行がてら参加するようになるうちに、1年後には周囲の誰もが太っていた頃の佐藤さんを思い出せなくなっていました。佐藤さん自身でさえ、忘れていたほどです。

1年前に撮影した免許証の写真をたまたま同僚が見て、「うわぁ〜！　誰これ？」と大げさに驚いて、それが職場の話題になったことで、彼自身も「ああ、そういえばそうだったな」と思い出したほどです。

ターニング・ポイントは、何だって構わないのです。でも、気づいて、変えるときが幸運の扉を開けるチャンスなのです。

「変革のときほど、チャンスに満ち溢れている」

ＣＨＡＮＧＥ（チェンジ）という英単語とＣＨＡＮＣＥ（チャンス）という英単語を見てください。ＣＨＡＮＧＥのＧの右下から小さなＴの字を除いたら、ＣＨＡＮＣＥという字になるのがわかるでしょうか。

この小さなTは、「ためらい」のT。「抵抗」のT。自分を変化させる、変革させるときには、この小さなためらいや抵抗があなたにささやきます。

「今のままでいいじゃない」「大丈夫、何も困らないから」「変えようとしたって無理無理」「変えるのって、たいへんだよ」と。

でも、思い切ってTを取り去ります。そうすると、チャンスがやってくるのです。

佐藤さんの例のように、今までと違うことをすると生活が変わります。そして多くの場合、新しい交友関係が生まれます。酒場での友だちとは、縁遠くなってしまうかもしれませんが、ランニング仲間ができた佐藤さんは、一緒に走る機会が増えるにつれて、彼らから刺激を受け、よい習慣を定着させることになりました。その結果として、健康的な身体を手に入れることができたのです。

個人的なことだけではありません。「変えよう！」という思いが強いとき、そして同じ志を持つ人が周りにいるとき、それは国の行く末をも変えてしまうことがあります。

幕末から明治維新にかけて、大活躍した志士たちのほとんどは、20～30代の若者でした。彼らは真剣に国を憂い、変えようと思い、そして行動を起こした結果、日本という国の歴史は大きく近代化へと舵を切ることになりました。そこには大きな犠牲もありましたが、あの変化、あの機会がなかったら、今の私たちの生活はどうなっていたかなんて、まったく想像もつきません。

フランスにも同様に、市民が立ち上がって、絶対君主制の支配を共和制に変えたフランス革命があります。変化をしようと立ち上がる人がいたからこそ、その機会をつかみ取り、国を大きなうねりで巻き込み、近代化へと飛躍したのです。

何百年も前の話だけではありません。数十年前の天安門事件やベルリンの壁崩壊も、数年前のジャスミン革命も、始まりは誰かの心の中の「変えたい。変えよう。変える！」という思いひとつだったかもしれません。それが国を変え、政治を変え、人々の生活を大きく変えていくのです。

あなたは、どのようにCHANGEからT（ためらい）を捨てて、CHANCEに変えていくのでしょうか。


！思い切って新しい行動を起こすと、新しい世界が広がります。

失敗のその後

この章の第1項で次の五つを学びました。復習しておきましょう。

失敗の留意点

①失敗、それはチャレンジの証
②失敗、それは学習のチャンス
③失敗、それは再出発の原動力
④失敗、それは大きな目標に取り組んだ勲章
⑤失敗、それは次の成功の種

失敗したとき、自分自身についてこれら五つの学びがあるわけですが、だからと言って、他者に対する責任を免れるわけではありません。

失敗したことによって、他者に迷惑をかけることがあるので、そんな場合は、次の三つの責

任を果たさなければなりません。

①謝罪
②原状回復
③再発防止

あなたが仕事上で、メールを間違った人に送ったことが発覚したとします。まずは、①その方にお詫びをしなければなりません（謝罪）。②正しい人にお送りしなければなりません（原状回復）。なお、①と②はほぼ同時、あるいは②を先にしてもかまいません。その次にやるべきことは、二度と同じ失敗を繰り返さないために、厳重なチェックをするなど、再発防止策を講じることです。

しかし、この失敗の責任は、モノや相手しだいということもあります。

あなたが、誰かから本を借りて読んでいたときに、コーヒーをこぼして本をかなり汚してしまったとします。こんなとき、あなたはどうしますか？

本を汚したまま返したら、「何て、非常識な人間なのだろう」という印象を与えてしまうことになります。これは論外です。

コーヒーをこぼして本を汚してしまったことを、ありのままに伝えて謝らなければならないと思う人が大半でしょうが、中には、謝ると同時に新しく同じ本を買って弁償し、今読んでいる本を自分で読み続けようとする人もいます。

このことは、相手との関係と相手の人の考え方によります。

ある人は、自分が貸した本が、そんなふうにぞんざいに扱われたことで腹を立てるかもしれません。別の人だったら、自分もコーヒーを飲みながら本を読むことがあるので、そんなこともあるだろうと寛容に受け止めるかもしれません。

謝ると同時に、新しく同じ本を買うことで償いをされることに対して、不快感を持つ人もいます。「あなたにあげるつもりだった」と言う人もいるかもしれないし、「本を買って償う前に、何でひとこと言ってくれなかったの」と思う人もいるでしょう。

こんなふうに言うこともできそうです。

「せっかく貸してもらっていた本に、誤ってコーヒーをこぼして汚してしまったんだ。大事な本なのに、ごめんなさい。同じ本を買ってお返しして、借りていた本もお渡ししたいんだけど」

すると相手は、「そこまで言ってくれてありがとう。また読みたいので、新しい本を頼むね」と言うかもしれません。

しかし、それが絶版本だったりすると、ややこしいことになります。

再発防止策としては、本を読むのとコーヒーを飲むタイミングを別にするとか、同じテーブルの上に本とコーヒーを同時に置かない、などの措置があります。

相手の失敗によって被害を被ったとき

　では立場を変えて、今度はあなたが相手の失敗によって被害を被ったときは、どう考えたらいいでしょうか？　このことは、相手との関係と被害の程度によります。

　仕事上の取引なら、それこそビジネスライクに、契約や慣例に基づいて対処すればいいのですが、上司・部下の関係であなたが上司なら、失敗の三つの責任を徹底するとともに、再発防止策については指導しなければならないこともあります。

　ところが、友人や家族を対象にすると、ビジネスライクにというわけにはいきません。とくに、これからも大事にしていきたい友人や家族の場合、大切な心構えは「寛容の精神」です。

　失敗したとき、普通の神経の持ち主ならば、自分が失敗したことで傷ついています。そんなとき、あなたが非難・攻撃をしたら、相手は二重に傷つくことになります。「相手の目で見、相手の耳で聞き、相手の心で感じる」共感をもとに、寛容の精神を発揮しなければならないこともあります。

　もし、その人が深く傷ついているならば、失敗の三つの責任も求めず、五つの学びを固く信じて、ただただ当人を抱きしめるようなことが必要かもしれません。

失敗によって失意に陥ったとき

　ある失敗によって、自分自身が大きなダメージを受け、しばらく回復できないような失意のときを迎えたらどうしたらいいでしょうか？

「このダメージは強すぎる」「何をやってもうまくいかない」「どうも空回りしている」と思えるときは、必ず訪れるものです。私はこんなときを、「心の雨の日」と呼んでいます（『失意の時こそ勇気を――心の雨の日の過ごし方』２０１３年　コスモス・ライブラリー）。

　あるいは、「心の雨の日」どころか「暴風雨」かもしれません。自分だけの力では、もはやどうにもならないのです。自分を無条件に受け入れてくれる、家族・友人や専門家の力を借りるしか方法がないかもしれません。

　私自身にも、こんなことがありました。

　会社を設立したものの、赤字の連続。銀行もお金を貸してくれません。知人からも借り尽くした私は、実家の父のところに借金の交渉に行きました。

　栃木県は日光に近い鹿沼市に住む父のもとへ行って、ドライブに誘い出し、いつ父に言い出そうかと思案しつつ、それでも言い出せなくて、帰路の道々思い切って言いました。

「会社で資金が必要なんだけど、貸してもらえないかな」

「で、俊憲、いくらぐらいいるんだ？」

私は、老いた父の顔を横目で眺めつつ、「そうだなあ、100万ぐらい融通してくれると助かるなあ」と言いました。

「わかった。後はお母さんと相談してくれ」

父は、資金の使途も聞かず、話はそれで打ち切りとなりました。

翌日、実家に電話して母に、「例の話だけど、オヤジから聞いている?」とたずねると、「あっ、あれね。200万の話ね」と母は答えました。

母の言い間違いか、私の聞き違いか判然としないまま、「そうそう、200万の話だよ」と念を押しました。

かくして、200万円の商談成立でした。

100万円では乗り切れないと、事業家だった父が察知して金額を倍増したのか、それとも父からの伝言を母が水増ししたのか、もはや両親がこの世にいない今では、確認のしようがありませんが、このことがあって、会社経営のピンチを乗り切ることができました。

❗ 失敗で誰かに被害を与えてしまった人は、その失敗に傷ついています。

「どんなときでも自分が主人公」発想法

コントロールできない「時間の経過」

人は、1人では生きていくことはできません。この本を読んでいる誰もが、産まれた後、誰かの世話になって（ほとんどの場合は親）、一人前の大人になってきたことは間違いありません。

しかし、成長するにつれて、そこにはさまざまな違いが生まれてきます。人種、性差、貧富、宗教……たとえ兄弟姉妹であっても、まったく同じ状況で育てられることはないし、クローンのように、まったく同じ人間になるということもありません。個性が育ってくるからです。

でも、このような差を乗り越えて、私たちすべての人間に共通していることがひとつだけあります。それは、われわれは誰もが、自分の力でコントロールできない「時間」と戦っている、ということです。つまり、老いること、病むこと、死ぬことは避けられない、ということです。

老いない人間も、死なない人間もいません。死ぬまで一度たりとも大病をしない、という人も稀でしょう。極論ですが、私たちは間違いなく毎日一歩ずつ、死ぬ日に近づいています。昨日生まれた赤ちゃんでも、世界最高齢の方でも、それは例外なく同じです。

それを、あなたは恐ろしい、不愉快なことととして捉えるでしょうか。しかし、事実に変わりがない以上、そしてコントロールしようと思ってもできない以上、自分を変えていくしかないのです。

それはどういうことか。「老病死の主人公になろう」ということです。

老病死の主人公になる

禅の考えを借用して言うと、「老病死の主人公になる」ということは、「今、ここで、自分」になりきるということです。過去でも未来でもない、今。どこかではなく、ここ。そして他人に頼るのではなく、自分。それを軸に考えるということです。

今、とくに40代以上の女性の中で、老いることを極端に恐れている方が多くいるようです。20代に見られる、ということが心のよりどころとなり、マスコミもそれを盛んにあおっています。年齢を重ねて、内面からにじみ出る人生の深さなどではなく、一にも二にも外見が若くあることが何よりも大事という彼女たちは、果たして幸せでしょうか。

娘と同じ服装をし、後ろから見ればまるで10代。でも、やはり事実は曲げることはできません。英語のmature（マチュア）……「成熟した、分別のある、熟成した、賢明な」という言葉は、彼女たちにとってはほめ言葉にはならないようです。

また、男性に多いのが、病や死に直面することを避け、健康診断を受けない人、禁煙や糖質制限などを、医者から言い渡されているにもかかわらず、「オレは大丈夫だ、根性を鍛えているから」と、根拠も意味もなく自分を過信する人です。しかし、一度病に侵されたり、死に直面するようなことがあると、極端にうろたえ、周囲への配慮などすっかり忘れて当り散らしたりするのも、このタイプに多く見られます。彼らは非常に臆病であると言えます。

目をつぶっても、避けようとしても、老いや死は無言で近づいてきます。誰ひとり例外なく、逃げられるものではありません。

では、どうしたらいいのか。ありのままを受け入れるのです。老いるなら老いの主人公、病気にかかったら病気の主人公、そして死に直面したら、尊厳を持って死の主人公となるのです。

老病死という、人生の大きな流れの中で、変えられないものを受け入れる平静な心を持ちながら、その中で自主的に変えることのできる部分があれば、変える勇気を持って対処するのです。

臨済宗の宗祖、臨済義玄が遺した言葉を集めた『臨済録』には、このことについて、「随処《ずいしょ》に主《しゅ》と作《な》れば、立処皆真《りっしょみなしん》なり」と書かれています。「あらゆるところどころで、自分が主人公になっていれば、自分の居場所が本来の自分を発揮できる場になる」というような意味です。

陽のときの心の持ち方、陰のときの心の持ち方

しかし、人は自分にとって苦しいことやつらいことに面と向き合う強さは持ち合わせていま

せん。「ちょっと身体の調子が悪いな」と思って何の気なしに病院に行って、「あなたは余命3ヶ月です」と宣告されたら、落ち込むなというほうが酷です。

それではどうしたらいいのか。今までの人生で、すでにみなさんは好調のとき、不調のときを乗り越えてきたことでしょう。好調なときを「心の晴れの日（陽のとき）」、不調のときを「心の雨の日（陰のとき）」と捉えて、その際どのような発想をすればいいのか、そして、何をすればいいのか、を整理しておくのです。

下表の簡単な説明をします。①の活動（放電）――育成（充電）はおわかりですね。晴れのときは自ら活発に動き、雨のときは無理に自分に負荷をかけるのではなく、内から自分を育てて、充電期間に充てる。②も同様に、晴れのときはチャレンジングに山を登るように、雨の

図表8 ●「心の晴れの日」と「心の雨の日」の発想法

区分	心の晴れの日（陽のとき）	心の雨の日（陰のとき）
	絶頂、順調、活動のとき	逆境、不順、停滞のとき
発想法	①活動（放電）	①育成（充電）
	②登山	②下山
	③as if （まるで〜のように）	③even if （たとえ〜だとしても）
	④having（所有）の幸福	④doing（貢献）の幸福

ときは坂の勾配に身を任せて、安全第一に山を下るといった具合です。それは、決して喪失感や残念な気持ちではなく、達成後の満足感にもたとえられます。

そして③as if――even ifですが、心が晴れのときは、まるで「自分の目標としている人」「目指している状態」のようにエネルギッシュにふるまうことにより、さらに自信をみなぎらせます。そして、心が雨のときは、たとえ現在が逆境だったとしても、平素の自分から逸脱せずに淡々と過ごすことです。

④は、幸福なときは、モノでも人脈でも積極的に求め、得ることができるかもしれません。しかし、逆境のときには、それが叶わないことも往々にしてありますが、誰かのためにちょっと手を差し伸べたり、お金をかけずに誰かが喜ぶことをすることはできます。

たとえば電車の中で、お年寄りや妊婦に席を譲ったり、荷物を持ってあげたりすることです。そんなとき、「ありがとうございます。うれしいです」の言葉は、あなたを笑顔にしてくれます。それが、doing（貢献）の幸福です。

これらはすべて、あなたが自分自身で選ぶことができます。あなたは、あなたの人生の主人公なのですから。

❗ 自分でコントロールできないことは、ありのままを受け入れましょう。

飛躍に備えて深く屈む発想法

スティーブ・ジョブズのケース

「大きく飛躍するためには、深く屈まねばならない」——誰の言葉か忘れてしまいましたが、私の心に残っている言葉です。この「屈む」は、飛躍に備えて屈むことと共に、屈んだ結果、大きな飛躍につながることとも受け止めることができます。

企業を例にとっても、大リストラ経験が転機となって急成長につながることもあるし、個人的にも大きな失敗が、その後の飛躍に結びつくこともあります。

次に「深く」にこだわると、高く跳躍するためには、浅く屈むだけでは不可能なので、ある程度の深さまで屈まなくてはなりません。これは、挫折や失敗が大きければ大きいほど、飛躍が大きいことを暗示しています。

挫折によっていったん深く屈み、その後大きな飛躍を果たしたという点では、私はアップル社のスティーブ・ジョブズ（1955－2011）を思い出します。

ジョブズは、スティーブ・ウォズニアックらとともに1976年にアップル社を共同設立。

パーソナル・コンピューターで革命を起こし、25歳でフォーブス誌の長者番付入りをし、27歳でタイム誌の表紙を飾るなど、時代の寵児としてもてはやされました。

しかし、1985年、内紛によりアップル社から追放されてしまいました。アップル退職後も、同業界で活躍していましたが、1996年、業績不振に陥っていたアップル社に復帰し、1997年には、暫定CEO（2000年、正式にCEOに就任）となりました。

その後は、ライバルのマイクロソフト社との資本連携に踏み切り、社内のリストラを進め、新製品を次々とヒットさせ、アップル社の業績を回復させました。

ところが、ジョブズは病魔に侵されます。2003年、膵臓癌と診断され、8月に摘出手術を受けて療養後復帰しました。復帰後の2005年6月12日には、スタンフォード大学の卒業式に招かれ、「Stay hungry, stay foolish（ハングリーであれ、愚かであれ）」という伝説のスピーチを残しています。

2010年11月を過ぎて、再び体調が悪化。2011年になると癌が再発し、同年1月18日、病気を理由に休職することが公式発表されました。そして2011年10月5日、膵臓腫瘍の転移による呼吸停止でパロアルトの自宅で死去。享年56歳でした。

ジョブズは、自ら設立した会社から追放に遭ったり病魔に侵されたりして、56歳でこの世を去ることになりましたが、彼が深く屈むこともない順調な生涯だったとしたら、復帰後の革命的な商品は出なかったことでしょう。

1行も書けなくなった宇野千代を蘇生させた一言

大正・昭和・平成にかけて活躍した日本の小説家、随筆家であり着物デザイナーでもあった宇野千代（1897～1996）は、98歳の長寿をまっとうし、晩年に、『私何だか死なないような気がするんですよ』（集英社文庫　1999年）というエッセイを書いた、茶目っ気のある人でした。

その宇野千代に、『天風先生座談』という異色の本があります。この本の「あとがき」に相当する「天風先生と私」（昭和45年、1970年記す）に、「大きく飛躍するためには深くかがまねばならなかった」時期と、そこから飛躍するきっかけとなった出会いのことが書かれています。

おかしなことであるが私は、いまから十七八年前、『おはん』という作品を書いたあと、ぴたりと筆がとまった。一行も書けない。他にもいろいろな、書けなくなりそうな事情はあった。それにしても、ぴたりと、一行も書けなくなろうとは。そうだ。その頃の私の頭の中に去来した思いの一つに、「私はもう書けない。私にはもう書くことができない。私はちょうどそういう年齢に達したのだ。詩想が枯渇する年齢に達したのだ」という、一つの牢固として抜き難い考えがあった。

「人間は何事も自分の考えたとおりになる」。ある夜、天風先生が言われた。「出来ないと思うものはできない。出来ると信念することは、どんなことも出来る」そう言われた。ほんとうか。では、私は、書けないと思ったから書けないのか。書けると信念すれば書けるようになるのか。

十七八年の間、ぴたりと一行も書けなかった私が、ある日、ほんの二三行書いた。書ける。また一枚書いた。書ける。ひょっとしたら、私は書けるのではあるまいか。そう思った途端に書けるようになった。書けないのは、書けないと思ったから書けないのだ。書けると信念すれば書けるのだ。


（『天風先生座談』廣済堂文庫　2008年）


こう信じた宇野千代は、それから蘇生したように書けるようになったのです。

『天風先生座談』の内容は、「天鳳先生」こと中村天風の講演を語り口そのままに、作家の宇野千代が、まるで几帳面にノートを取る女子大生のように綴ったものです。

中村天風（1876～1968）は、日本初のヨーガ伝道者です。天風会を創始し、心身統一法の教えを広めた思想家であり、東郷平八郎、双葉山、広岡達朗、稲盛和夫、永守重信などの有名人に大きな影響を与えています。

私自身の見解では、西洋の成功哲学と比べて、日本人にとっては、ずっとピンと来る教えで、もっともっと中村天風の教えが若い人たちに広まってほしいと願っています。

中村天風は、宇野千代ばかりでなく、多くの「できない」と考えている人の信念を「できる」に変え、もう限界だと思っている人の限界を撤去し、自分を不幸だと思っている人を幸福だと思わせてくれるだけでなく、心身統一の具体的な方法を教えてくれています。

「大きく飛躍するためには深く屈む」発想法で大事なことは、ただやみくもに深く屈むのではなく、深く屈んでいるときのよき師との出会いが大きな飛躍の方向づけに役立つことです。スティーブ・ジョブズの場合は、禅の師匠として鈴木俊隆《しゅんりゅう》がいたし、宇野千代の場合は、中村天風の影響を受けて、晩年にポジティブ・シンキングができるようになったのです。

! 挫折経験の中に、大きな飛躍のための種が潜んでいます。

視野狭窄・八方塞がりからの脱却法

失敗・失意のときの心理状態

失敗が重なったときや失意の状態が長く続くとき、私たちの精神状態は、視野狭窄状態に陥り、八方塞がりの気分になります。言い換えると、選択肢が間違いなく狭まるのです。と同時に、思考法としては、次の三つが顕著になります。

①決めつけ
②誇張
③見落とし

①の「決めつけ」というのは、「……に決まっている」と断定的に思い込むことです。「レッテル貼りをすること」と言ってもいいでしょう。

「自分は、救いようがないダメ人間」

「もう、お先真っ暗」

「この先、ずっと低空飛行」

こんなふうに決めつけて、ますます自分自身に対するものの見方を狭めるのです。
①の「決めつけ」に輪をかけて自分を苦しめるのは、②の「誇張」です。
「私は、いつもこんな目に遭う」

「とってもみじめ」

「自分は絶対に回復できない」

こんな大げさな言い方をして、自分の置かれた不幸な状態をますますエスカレートさせてしまうのです。

視野狭窄に陥ると、他の人への関心が薄くなり、自分だけで問題を抱え続けようとするため、③の「見落とし」が起きるようになります。

「誰も、こんな自分に手を貸してくれない」

「いいんだ、自分一人で苦しんでいれば」

「こんなみじめな思いをしているのは自分だけ」

こんな言葉を用いて、自分で自分に言い聞かせながら、ますます自分を八方塞がりにしてしまうのです。

玲子さん（仮名）は、結婚を夢見ていた男性との恋に破れました。その男性に、他に好きな女性が現われたのです。「今までもずっと、いつも大事なときに振られてしまう」と思い返し、もうこれから先、「自分は結婚できない」「こんな自分は、二度と素敵な男性と出会うことはない」と思い、「こんな悲しみに付き合ってくれる友人もいない」と、一人悲しみの渕に沈んでいました。

旅先での収穫

そんなある日、失意の玲子さんの携帯に、大学時代に秘湯サークルの仲間だった美佳さん（仮名）から電話が入りました。美佳さんは、玲子さんのあまりにも元気のない様子が気がかりで、食事に誘ってくれました。雰囲気のいいイタリアン・レストランでの食事がおいしく、ワインの酔いも手伝って、玲子さんは失恋のいきさつを美佳さんに話しました。

美佳さんは、玲子さんの話を途中でさえぎることなく聴き、何の助言もすることなく、連休にサークル仲間の4人（男女2人ずつ）で、山形県の肘折温泉に行くことを提案してくれました。玲子さんにとっては、傷心の旅のイメージでした。

秘湯の旅には、玲子さん、美佳さんの他に良太君（仮名）と秀典君（仮名）が加わりました。良太君は、高校時代にラグビーをやっていた体育会系の青年です。今では、証券マンとして活躍しています。秀典君は、大学時代に秘湯サークルの代表を務めていて、今は通信機会社の技術者です。学生時代に、副代表だった玲子さんに思いを寄せていたのですが、玲子さんは、まるで姉弟のような感じがしていたので、恋に発展することはありませんでした。

良太君が仕立てた車での秘湯の旅は、4人を学生気分に戻らせ、ひとつの旅館に2泊するゆったりとした旅だったため、たくさんの語り合いの時間もありました。

玲子さんは、自分の失恋話をしたわけではないのですが、親しい友と温泉に浸かってゆったりしたり、大学時代や卒業後の話をしている間に、ここしばらくの間に自分が見失っていたものを見つけることができ、ゆとりを持って周囲を見渡すことができるようになっていました。

旅行の収穫はたくさんあったのですが、その最大のものは、玲子さんと秀典君の心に恋の灯がともったことです。

視野狭窄・八方塞がりから脱却するには

玲子さんは、失恋から秘湯への旅、そして新たな恋の芽生えの間に次のことを学んだのです。

①証拠探し
②事実直視
③見直し

玲子さんが、「今までもずっと、いつも大事なときに振られてしまう」と思っていたことは、半面の真実かもしれませんが、「こんな自分は、二度と素敵な男性と出会うことがない」と思い、「こんな悲しみに付き合ってくれる友人もいない」と、1人悲しみの渕に沈んでいたことは、美佳さんの支えによって克服することができ、秀典君という恋人を新たに得ることができたのです。

ここで、あなたが失敗や失意によって落ち込んでいるときに使える、①証拠探し、②事実直視、③見直しについて、ご説明します。

まず、証拠探しというのは、「……に決まっている」と断定的に思い込んでいることを疑って、その根拠を明らかにすることです。

「自分が決めつけていた証拠は、どこにあるのだろうか？」と、決めつけていた証拠を探ろうとすると、その証拠がほとんどないことに気づくし、また、「そう決めつけていたのは誰か？」と問いかけてみると、自分が決めつけていたことに思い至ります。

また、「そのことは本当に本当だろうか」という問いを発してみると、まったく本当とはかけ離れていることがあります。まるで、一人芝居の「自作自演」と言えるかもしれません。

次に、事実直視というのは、「……に決まっている」と断定的に思い込むことを回避して、事実をありのままに見つめることです。とくに重要なのは、「事実と意見の違い」を識別することです。

人は、自分の興味・関心でものごとを受け止める傾向があるため、ひとつの事実でもその解釈は人によってさまざまです。それどころか、失敗が重なったとき、失意の状態が長く続くときは、事実をかなり歪曲させて悲観的に決めつけ、それを誇張する傾向があります。

そこで、人の否定的な意見や、自分自身での「いつも」「とっても」「ひどく」というような誇張した考えを排除して、ありのままに現実を見つめることです。

「いつも」と言うけれど、どのくらいの頻度なのか、「とっても」「ひどく」とは、どの程度か、を数値化してみると、頻度も程度もさほどではないことに気がつきます。

③の見直しというのは、見逃しているものを改めて見ることです。視野狭窄・八方塞がりの状態で立ち止まり、ゆったりと呼吸をしながら、自分の周囲が、いかに人や情報やチャンスや経験に恵まれているか、ということを発見することです。

「こんな悲しみに付き合ってくれる友人もいない」と、1人悲しみの渕に沈んでいた玲子さんのケースでは、大学時代のサークル仲間の美佳さんが、食事を一緒にしてくれただけでなく、仲間だった2人の男性を秘湯の旅に合流させ、やがては、サークルの代表と副代表だった2人の恋愛関係にまで発展しました。

玲子さんは、仲間や経験によって、大きく支えられることになったのです。

❗あなたには、友人も、情報も、チャンスも、経験もあります。

マルチ・バックボーンを育てる

マルチ・バックボーンの人たち

「バックボーン」というのは、文字通り「背骨」ですが、転じて「芯、筋金」の意味合いでも使われます。「バックボーンのしっかりした人間」というのは、「筋金入りの人間」で、「しっかりとした自分軸を持った人間」と言えるかもしれません。

私が、「マルチ・バックボーン」という言葉に託す思いは、自分を支える自分軸が1本だと倒れやすいため、専門の仕事や知識にもう1本加えて軸足を強くしておこう、ということです。

マルチ・バックボーンは、また二つの専門性が支えになるかもしれません。いわゆる、二股のマルチ人間です。

医師（元医師を含む）兼作家のマルチ人間はかなり多く、古くは森鷗外もそうだったし、最近では、なだいなだ、渡辺淳一などがそうです。作家兼政治家では、猪瀬直樹・東京都知事が有名です。

ビジネスの世界でも、マルチ人間がいます。商社に限定すると、2009年、『終の住処』

で第141回芥川賞を受賞した磯崎憲一郎さんは、受賞時は三井物産本店の人事総務部人材開発室次長を務めていました。

そのライバル社の三菱商事で取締役まで登り詰め、その後、多摩大学経営情報学部教授に転じた河村幹夫さんは、シャーロック・ホームズの研究家でもあり、1989年に『シャーロック・ホームズの履歴書』で日本エッセイストクラブ賞を受賞。仕事でイギリス駐在時は、本場のシャーロキアン協会に所属していたことでも有名です。

このように書くと、あなたとは無縁だと思われるかもしれませんが、マルチ・バックボーンは、有名になったり、業績を残したりするためだけではなく、あなたの生き方により強固な筋金を入れるためにも必要です。

現在、就いている仕事上の知識を十分に持っていたとしても、それだけだと、異動になったり転職・独立をしたとき、何の役にも立たないことがあります。

ある大企業で、経理部長を務めていた人が定年退職後、銀行の紹介である中小企業に転職しました。そのまま経理・総務担当の部長になったのですが、その中小企業で求められていたのは、節税の知識、資金繰り、簿記の実務でした。

しかし、大企業時代に部下に実務を任せていたその人は、中小企業の経営者の期待にまるで応えることができず、精神的に追い詰められて失踪事件を起こし、半年も経たないうちにお払い箱になってしまったのです。

この部長に必要だったマルチ・バックボーンは、経理全般の専門的な知識と、ピンチのときにも動じない、精神的なたくましさでした。

精神的なたくましさ

あなたは、もしかしたら、私の言いたいことをもうお察しかもしれません。

そうです。あなたに必要なものは次の通りです。

あなたのマルチ・バックボーン＝専門性＋精神的なたくましさ

ここからは、あなたの精神的なたくましさを育てる三つの秘訣をご紹介します。

①よき師を得ること
②精神の鍛練法を持つこと
③よき友を持つこと

①の、よき師を得ることというのは、文字通りのことです。現実にいる恩師や先輩格の人でなくても、歴史上の人物でも本の著者でも誰でもいいのです。その人の考え方やふるまいをモデルにして、自分がピンチに陥ったとき、「その人ならどうするか」と判断基準を借りて乗り切ることができます。

『成功哲学』の著者ナポレオン・ヒルは、最も感動的な生涯を送った9人の人物を選び出し、それらの人物を「想像上の会議」に登場させ、彼らを真似ることによって性格を変える実験を行ないました。

登場人物は、エマーソン（詩人）、ペイン（哲学者）、エジソン（発明王）、ダーウィン（進化論者）、リンカーン（政治家）、バーバンク（園芸家）、ナポレオン（大将軍）、フォード（自動車王）、カーネギー（鉄鋼王）です。

やり方は、夜、眠りに入る直前に静かに目を閉じて、彼らが自分と同じテーブルに座っていることを想像し、自分の直面する問題解決に手を貸してもらったのです。

ところで、よき師を見つけにくい場合はどうしたらいいのでしょうか？　実は簡単です。本や雑誌で調べてもいいし、また、よき師を持っていそうな人に聞くのもひとつの方法です。その人と同じ人を師にしてもいいのですが、相性というのもあります。

そんなときは、無理して付き合わずに、別の人を探せばいいのです。納得づくで「この人ならば」と思える人と、長らく付き合うのです。

②の精神の鍛練法を持つことに関しては、自分の「よりどころ」です。宗教でも武道でも芸事でもいいので、自分を落ち着かせる、精神の鍛錬法を10年以上続けることです。

私は、このことについて「10年結実」という言い方をしています。

人と比べず、「自分には自分の道がある」と信じて、長距離走のように時間をかけてコツコツと取り組むのです。キーワードは、あくまで「コツコツ」です。地道な努力を重ねているうちに、揺るがない精神的な柱となり、人に感動を与えるレベルに達することもあります。

③のよき友を持つことも文字通りで、悩んだときに、心底から相談に乗ってくれる友、自分がおかしな方向に進んでいるときに直言してくれる友、あるときには同じ道をともに歩んでくれる友を持つことです。

私の大学時代からの友人に、依田君という公認会計士・税理士がいます。彼には、会社の経理もずっと見てもらっていますが、ビジネス上の関係もあって、ある会議に参加してもらったとき、「岩井、ビジネスは遊びじゃないんだ。そんなふざけたことを考えるのはやめてほしい」と直言してくれたことがあります。

また、経営が不調のとき、「岩井のやっていることは間違いない。自分を信じて突き進むんだ」と勇気づけてくれたこともあります。

こうしてみると、よき師を得ることはサーチライトを灯すことです。精神の鍛練法を持つことは、船を絶えず点検・整備することです。よき友を持つことは、船が軌道から逸れたときに正しい位置に修正することです。

この三つの秘訣を実行して、あなたが、船長として専門性と精神的なたくましさを兼ね備えることができれば、暴風のときも衝突事故に遭いそうなときも、あなたが自分を失うことがないように支えてくれる、かけがえのないバックボーンになります。

ピンチを乗り越えるたくましさは、心がけで身につけることができます。

4章

自分を勇気づける感情のコントロール

The Skills to Encourage Oneself

感情はコントロールできる

怒りは制御不能か？

感情には、うれしい、楽しい、幸せ、ワクワクするなどの「陽性感情」と呼ばれるものと、悲しい、つらい、気分が沈む、怒り、喪失感などの「陰性感情」と呼ばれるものの、おおまかに二分されます。しかし、陽性感情が「よい」感情で、陰性感情が「悪い」感情ではない、ということをまず覚えておいてください。

人は誰しも、さまざまな場面に遭遇し、その出来事に対してある感情を持ちます。身近な人の病や死に対しては悲しみの感情、誘拐やテロなどの理不尽な事件や世界中のいまだに収まらない紛争などには怒りの感情が湧き起こるのは当然のことです。これは、決して「悪い」感情ではありません。

しかしながら、怒りの感情、とくに個人的な怒りというのは、湧き起こってしまった後、処理に困るのも事実です。怒りの感情をむやみやたらに周囲にぶつけると、その結果として当然、対人関係の悪化を招きます。

だからと言って、誰にも話さずにじっと自分の中に蓄積してしまうと、それは澱のように溜まっていき、ストレスとなり、いつか爆発したり、うつ症状などの心因性の病を発症しかねません。

しかし、「そんなことを言ったって、怒りなんて突然、沸騰するように湧き上がってきてしまうものだし、制御不能な感情なんだから、どうしようもないじゃないか」という声も聞こえてきそうです。

本当にそうでしょうか？　怒りはコントロールできないものなのでしょうか。

この章では、感情、とくに多少取扱いに注意が必要となる「怒り」の感情の他、主に「陰性感情」にスポットを当てて、その仕組みと対処方法についてお話しします。

「あ、どうも～。いつもお世話になっております!!」

会社での1シーンです。癇癪持ちの鈴木課長が、部下の佐藤さんをドスのきいた声でめちゃくちゃに怒鳴りつけています。

「佐藤、おまえ本当にいいかげんにしろよ！　この間、俺は何て言った？　トラブルが起きたら、すぐに報告しろって言わなかったか？　どういうことなんだよ、これは！　お前には耳がついてないのか？　何度、俺を怒らせたら気がすむんだ、お前は！　黙ってないで説明しろよ、コラ!!」

鈴木課長の怒鳴り声はフロア中に響き渡り、怒られている部下だけでなく、周りの人間の士気にも大きく影響するほどです。そこに、横から声がかかります。

「課長、関東商事の高橋社長からお電話です」

鈴木課長、素早く受話器を取り、

「お電話代わりました、鈴木です。あ、どうも、高橋社長！　いつも、たいへんお世話になっております。先日の件ではいろいろお骨折りいただき、誠にありがとうございました」

電話に出た鈴木課長は、何とも快活で感じがよく、朗らかで低姿勢です。まるで、会社員のお手本のような電話応対です。部下の佐藤さんに怒鳴っていたのをやめて電話を取るまで、その間1、2秒の間に態度は180度様変わりです。でも、これって会社生活の中では日常のことではないでしょうか。

もちろん、家の中でも同じことが起きます。吉田家の子どもたちが些細なことで始めた兄弟ゲンカ。声を張り上げながら、叩き合いを続ける子どもたち。大騒ぎの結果、リビングルームに飾られていた花は花瓶ごと床に落ち、床は水浸しでガラスが散乱。お母さんの中で何かがプツンと切れます。

「うるさいっ!!　あんたたち、いい加減にしなさい!!　何やってんのよ！　危ないでしょう！誰が片づけると思ってんのよ！」

と、そこにインターホンが鳴ります。どうやら宅配便が届いたようです。

「はい、あ、今開けます～。少々お待ちくださいね」

もし、「怒りの感情は自然と湧き上がってくるものであり、なおかつ制御不能なものである」としたら、鈴木課長は関東商事の高橋社長に対して、そして吉田家のお母さんは宅配便業者に向かっても、声を荒げたままで応対してしまう、ということになります。しかし、2人とも一瞬のうちに、何の準備もなく、いともたやすく怒りの感情を引っ込めて、「にこやかに応対」しています。この2人は特別なのでしょうか？

いいえ、あなたにも、同じとまでは言いませんが、これと同じようなことをした経験があるはずです。では、なぜこんなことができるのか、ちょっと分析してみましょう。

感情に対する三つの視点

アドラー心理学では、感情を以下の三つの視点で説明しています。

①感情は、あるきっかけ（状況）があって作り出され、特定の相手役に対して、何らかの意図（目的）をもって使われている
②感情は、コントロールできる
③（陰性感情も含め）感情は、自分のパートナーである

以下、本章では、この考え方をもとにくわしく説明していきます。

いずれにせよ、鈴木課長、吉田家のお母さんの例を見ていただいたことで、「今まで意識したことがなかったし、できるわけがないと思っていたけれど、どうやら感情というものは、制御がまったく不能なわけではなさそうだ」ということを感じていただけたでしょうか。

鈴木課長の例を取ると、彼は、「部下の佐藤さんがトラブルの報告をしていなかった、という事実を把握したこと」がきっかけで怒りの感情を持ち、それを「佐藤さん本人」という特定の相手役に対してぶつけています。「何らかの意図」に関しては、後の項でまとめて述べます。

また、吉田家のお母さんは、「2人の子どもがケンカをしているところまでは我慢していたものの、リビングルームの花瓶が床に落ちて割れたこと」がきっかけで、堪忍袋の緒が切れて、「子ども2人」という、特定の相手役に対して怒鳴り声をあげています。

当たり前のようですが、「個人的な」怒りの感情は、「特定の」相手に対して向けられるのが普通です。これは、怒りだけではありません。「愛しい」という感情に置き換えれば、なおわかりやすいでしょう。

どうやら感情というものは、自分で制御できそうです。

感情の役割と目的

感情の持つ役割

感情には三つの役割があります。

①感情は、身体、思考、行動と密接に関連している
②感情は、思考が担う「理性的回路」に対して「非理性的回路」の役割を担っている
③感情は、行動に向けて燃料を供給する役割を果たしている

これを、ひとつずつ見ていきましょう。

身体、思考、行動との関連

感情は単独で機能するものではなく、身体、思考、行動と密接に関連しています。スポーツ

をした後の爽快感やぐっすり眠った後のすっきり感、風邪を引いたり熱を出しているときのけだるさを思い出していただけると、身体と感情の関連を実感していただけるでしょう。

次に思考との関連ですが、前項の鈴木課長と吉田家の例を見てみましょう。

鈴木課長は、部下の佐藤さんがトラブルを報告していないことが発覚したときに、怒りの感情をあらわにしました。これは、「部下というものは、上司である自分にトラブルを報告するべきである」という鈴木課長の思考、信念、思い込みが裏切られたことによって、怒りを爆発させたのです。

一方、吉田家のお母さんは、「わが家はきれいにしておくべきである」という思考、信念によって掃除をしていたリビングルームが、子どもたちのケンカによってめちゃめちゃにされたことや、「子どもたちを危ない目に遭わせてはいけない」という信念があるにもかかわらず、それが脅かされるような出来事が、あろうことか子どもたちによって引き起こされたことに対して怒りを爆発させました。

また、「子どもは静かに仲よく遊ぶべきであり、取っ組み合いのケンカなどもってのほかである」という思考・信念が裏切られたからかもしれません。

いずれにせよ、「こうあらねばならない」「こうであるべきだ」という期待が裏切られたことによって、2人は怒りの感情が抑えられなくなり、一気に吹き上がってきたように見えます。

しかし、もし鈴木課長が、「佐藤くんは、ときどき報告が抜けることがあるが、オフィスで毎日会っているんだから、自分からまめに声をかけるようにしよう」という信念の持ち主だったらどうでしょうか。怒りは爆発しなかったはずです。

また、吉田家のお母さんが、「子どもたちはまだ小さいのだから、リビングがピカピカでなくてもしようがないし、暴れることもあるのだから、花を飾ったりするのはもう少し大きくなってからでもいいかもしれないな」と思っていたらどうでしょうか。少なくとも、頭ごなしに子どもを怒鳴ることは少なくなります。

次に「行動」ですが、ウィリアム・ジェームスという心理学者は次のように述べています。

人は、悲しいから泣くのではなく、泣くから悲しいのだ

悲しみという感情が泣くという行動を作り出すのではなく、「泣くという行動が悲しみの感情を引き起こす」という説です。同様に、「楽しいから、面白いから笑うのではなく、笑っているうちに何だか楽しくなってきてしまう」ということも言われています。

日常生活でも、積極的な行動をしていると愉快で楽しい気分になりますが、やらなければならないけれどやる気が起きない、嫌なことを引き延ばすなど、消極的な行動をとっていると、いつも心に何かが引っかかるような気分になり、気が滅入ってきます。

このように、感情は身体・思考・行動と関連していることがわかります。

「理性的回路」が渋滞すると「非理性的回路」が高速回転してしまう

１３７ページの②③に関して、大河ドラマにも何度か取り上げられ、映画や歌舞伎でも繰り返し上演されている、日本人にはなじみ深い『忠臣蔵』を例にとって解説しましょう。

時は江戸中期の元禄15年12月14日（１７０３年1月30日）、大石内蔵助《おおいしくらのすけ》率いる赤穂《あこう》藩の元藩士である47人が、主君の敵である吉良上野介《きらこうずけのすけ》の屋敷へ雪の日に討ち入りを果たすシーンが有名ですが、そもそも、なぜこんな大事件になったのでしょうか。

ことの発端は、赤穂藩の殿様であり四十七士の主君である浅野内匠頭《あさのたくみのかみ》が、京都からの勅使を迎える饗応係になり、その指南を吉良上野介に受けていましたが、浅野は吉良に袖の下（賄路）を渡さない。これに業を煮やした吉良が、浅野に対して何かとねちねち意地悪をしていました。浅野は、吉良の意地悪に怒りを感じるものの、教わる立場であるため、理性を働かせて我慢に我慢を重ねます（ここで、理性的回路が徐々に渋滞を引き起こしていく）。そしてある日、江戸城松の廊下で怒りの感情が爆発し（理性的回路がストップし、非理性的回路が高速スタート！）、吉良の額を斬りつけてしまうのです。

江戸城内で刀を抜くようなことがあったら、ただではすまされない。自分が切腹になるだけでなく、お家断絶、家来たちも武士という身分を奪われる……というのは、浅野内匠頭も十分承知していたはずです。頭ではわかっていたのです。しかし、吉良からねちねちと嫌味や嫌がらせを受け続けた結果、心にはめらめらと燃えるような「怒り」の燃料が投下され続け、それが一気に爆発して「松の廊下」事件へと発展してしまったのです。

このように、思考を使った「理性的回路」が何らかの原因やきっかけでうまく働かなくなり、交通渋滞のように動かなくなっていくのが第一段階。その原因、きっかけが心の中にどんどんたまっていくのが、燃料投下されている状態の第二段階。そして、ある段階で引火し、理性的回路が完全にストップすると同時に非理性的回路が高速で回り始め、ある行動（理性的回路が働いている時点ではおよそ取らない行動）をとってしまう、という三つのステップでできあがっているのです。

浅野内匠頭が感情のコントロール法を知っていたら、本人はもとより、四十七士の命も助かったのになあ、と思わないでもないのですが、そうすると江戸から続く日本人の娯楽の物語がひとつなくなってしまうので、私たちはここから感情のコントロール法を学ぶ、という教訓にしていくことに留めておきましょう。

！ 感情には、自分でコントロールできる段落がありそうです。

誰にでもある劣等感

劣等感は、よりよい生き方への武器になる

陰性感情の怒り、焦り、恨み、嫉妬、羨望などを総称して、「劣等感」と言うことができます。劣等感には、「弟は、兄に対して劣等感を持っている」というように、他者と比較した際に持つ「対他的劣等感」と、ある目標に対して自分が到達していない、自分の現状が理想と比較して低いと感じる「対自的劣等感」があります。

劣等、という語の響きから、好ましい文脈で使われることの少ない感情ですが、実は対自的劣等感は、その使い方によって、自分自身を向上させていく原動力になり得る大切なものなのです。

ここでは、対自的劣等感（以下、劣等感と言う）についてくわしく知るとともに、それをいち早く自分の味方につけて、よりよい生き方に活かす武器としていく方法を探っていきましょう。

「どうせ」は、自分の向上を阻む言葉

劣等感とは何か、を再度定義します。劣等感とは、主観的に、自分の何らかの属性を劣等だと感じることで、厳密には他者との比較ではなく「こうありたい」と思う目標と、現実の自分とのギャップに直面したときに抱く陰性感情のことです。

似たような言葉に「劣等コンプレックス」があります。これは、自分が劣等であるとひけらかすことで、人生で取り組まなければならない課題を避けようとすることであり、前述のアドラー心理学では、異常に高められた劣等感を「劣等コンプレックス」と呼ぶ場合もあります。

たとえば、『ドラえもん』で、主人公のひとりであるのび太が、「ぼくは頭も悪いし、ケンカも弱いから、ジャイアンの意地悪に対して何にもできないんだよ〜！　だから、助けてドラえも〜ん！」と安易にドラえもんに泣きつきますが、彼は、まさに劣等であることをドラえもんに対してひけらかし、自分の力でジャイアンに立ち向かっていかなければならないところを避けようとしています。

また、劣等コンプレックスでしばしば出てくるのが、「どうせ」という言葉です。「どうせ、俺はバカだから、そんな難しいことはできないんだよ」「どうせ、私は女ですから、あなたの言うことはわかりませんよ」など、「どうせ」の後には、否定的で後ろ向きな言葉しか続きません。

もうひとつ、似た言葉に「劣等性」があります。これは「器官劣等性」とも言い、身体の器官が、客観的に見て劣等であることを表わす言葉です。しかしこれについては、前向きに捉えて活躍している人が、古今東西たくさんいることはみなさんご承知の通りです。

たとえば、「楽聖」ベートーベンは、26歳で聴力を失った後も、56歳で亡くなるまで精力的に作曲を続けました。米国の歌手スティービー・ワンダーは、生まれてすぐに全盲となりましたが、その音楽的才能を活かして、50年以上もの間、世界中で人気を誇っています。

また、早稲田大学の学生時代、『五体不満足』を著した乙武洋匡さんのその後の活躍は、みなさんごぞんじの通りだし、パラリンピックに出場する世界中の選手たちも、器官劣等性に対して建設的に対処している、と言っていいでしょう。

彼らは、「どうせ」という言葉を使ってしまったら、そこで終わってしまうことを知っているのです。

「補償」と「創造」の力を持つ劣等感

目標や理想を持つ、ということは、今はその目標に到達していない自分がそこにいる、ということを意味します。今の状態が階段の下、目標を達成した自分が階段の上にいるとしたら、その階段部分が劣等感の大きさと同じ、と言っていいでしょう。

理想の自分に近づくためには、どのようにしたらいいのか。つまり、劣等感を一歩一歩克服していくにはどうしたらいいのかを考え、その答えを実践していくことによって、人は向上していきます。昨日より今日、今日より明日の自分が向上し、一段一段上がっていくことによって、階段の上にいる理想の自分に近づいている。そう実感することができたら、その人は劣等感を武器にして自分を向上させている、まさに建設的な人と言うことができます。このような建設的な対処は、「補償」とか「創造力」と言われます。

心理学者や精神科医に、「なぜ、この仕事に就いたのですか?」とたずねると、「思春期に劣等感を抱えていて、それを克服したくて」という答えが意外と多く返ってきます。これは劣等感を補償し、創造的職業選択をしたと言えるでしょう。

また、松下幸之助氏は体が弱いことを自覚していたために、すべてを自分が管理する方法ではなく、人に任せる仕組みづくりを考えたと言われていますが、これも一種の劣等感の補償であり、創造的な事業計画を行なった例と言うこともできます。

このように、成功者の多くは劣等感をうまく利用したりバネにして、自分自身を向上させ、さらに確立していったと言えます。

おそらく、あなたにも何か思い出せるエピソードがあるのではないでしょうか。「その学力では無理だ」と言われた高校や大学にがんばって入学したとか、スポーツの記録で○秒、○メートルの壁がなかなか破れなかったとき、もう自分はダメかもしれない、でもどうにかがんばりたいと思って努力した結果、記録達成できたとか、「この曲を演奏したい」と思って、実力よりも難易度の高い曲にチャレンジして、指から血を流すほどギターの練習をした結果、みごと学園祭で披露することができた、などです。

それらはまさに、「劣等感のおかげ」であり、あなたをより高いところへと向上させてくれたのではないでしょうか。これを、「どうせ無理だ。できないんだ。ダメなんだ」と思ってあきらめてしまっていたら、今のあなたはいなかったかもしれません。何事にも面と向かって取り組もうとしない、弱い自分のままだったかもしれません。努力もせず、安楽なほうばかりを追い求め、人生の大切なことを避けて通っていたかもしれません。

そう考えると、「劣等感」はあなたの強い味方になってくれると思えないでしょうか？

❗階段の上にいる自分が、あなたを待っています。

感情のコントロール法①
感情を建設的に使おう

何も、そこまですることはないじゃないか

とても落ち込んでいる様子の友人Aさんを見て、あなたは声をかけます。

「どうした？　何があった？」

「仲がいいと思っていた同期が、俺の陰口を叩いているらしいんだよ」

「そうか。それで落ち込んでいるのか」

このようなシチュエーションであれば、何もおかしくはない普通の会話です。

Aさんは、仲がいいと思っていた同期入社の同僚に、陰で悪口を言いふらされていたことに気づいた（出来事）。そしてとても落ち込んだ（感情）。

ここまでだったらよくある話として片づけられますが、もしこのことが原因で、Aさんが自殺をしてしまったら、あなたはどう思うでしょうか。「何も、悪口を言われたくらいで死ぬことはないじゃないか」と思いませんか？

もう1人、激怒している様子の友人Bさんがいます。あなたは同様に声をかけます。

「どうした？　何があった？」

「仲がいいと思っていた同期が、俺の陰口を叩いているらしいんだよ」

「そうか。それでそんなに怒っているんだな」

この会話も、不思議な点はとくにありません。

Bさんは、仲がいいと思っていた同期入社の同僚に、陰で悪口を言いふらされていたことに気づいた（出来事）。そしてとても腹が立ち、怒りをあらわにした（感情）。

こちらも、ここまでだったらよくある話として片づけられますが、もしこのことが原因で、Bさんがその同僚を殴ってしまったら、あなたはどう思うでしょうか。「何も、悪口を言われたくらいで殴ることはないじゃないか」と思わないでしょうか？

『悪口を言われた』。だから『落ち込む』のは、公式ではない

ここで、みなさんはあることに気づかれたでしょう。「悪口を言われた」という出来事、事実に対して、Aさんは「落ち込む」という感情を持ちました。同じく「悪口を言われた」という出来事に対して、Bさんは「激怒する」という感情を持ちました。つまり、同じ出来事、事実があったとしても、その受け止め方は人それぞれ、ということです。

これは、「悪口を言われた」という出来事、事実が即、「落ち込む」という感情に直結するわけではない、ということの証明にもなります。もし直結するのであれば、悪口を言われた人は、

すべて落ち込んでしまうことになりますが、すでに、落ち込まず激怒するBさんのような人もいます。

では、「出来事、事実」と「感情」の間には何があるのでしょうか。何かがあるからこそ、落ち込むAさんと激怒するBさんのような違いが出てくるわけだし、その他にも、「泣く」Cさんや「少しも気にしない」Dさんも出てくるでしょう。

この間にあるのは、「その人特有の思考」（認知）と言えます。人は、出来事にそのまま反応して行動しているのではありません。その人固有の思考と感情の影響を受けて行動しています。ここで言うAさんの「落ち込み」、Bさんの「激怒」は、AさんやBさんの特有の思考がもたらしていると言えます。しかもそれは、自分自身で選び取って、決定している特有の思考なのです。

通常、行動する場合でも、また行動に先立つ思考・感情が起きる場合でも、人は相手の反応や感情を予測していると言われています。また、出来事に直面したとき、その人特有の思考・感情・行動のパターンが見られるとも言えるでしょう。

たとえば、目の前で交通事故を目撃した際に、びっくりして気を失ってしまう人、110番通報する人、怪我人に駆け寄って手当をしようとする人、携帯電話のカメラで現場をとりあえず撮影する人……これらはすべて、出来事に遭遇したときの一人ひとりの思考・感情・行動のパターンの違いと言うことができます。

「建設的」「非建設的」は自分が選び取るもの

そこでもう一度、最初の例に戻ります。もし、Aさんが落ち込むあまり自殺してしまったとしたら。あるいは、Bさんが激怒のあまり相手を殴ってしまったとしたら。それは、あまりにも病的であり、自分自身の心を蝕み、周囲をも巻き込んで傷つけます。このような、望ましくない思考・感情・行動のパターンを「非建設的」、あるいは「破壊的」であるとします。

一方、「まあ、自分だって100%いい人間ではないし、気がつかないうちに同僚の機嫌を損ねるようなことをしていたのかもしれないな。仲がいいと思っていたのに、悪口を言われたのは残念だけど、こういうこともあるかもしれないな」くらいに捉えて、それほど心に負担をかけない思考・感情・行動パターンを「建設的」であるとします。

どちらのほうが、この先の人生でストレスを溜め込まず、気楽に生きていくことができるでしょうか。答えは明白です。

もし、自分自身が非建設的なパターンに近い、あるいは非建設的なパターンを選びがちだという自覚を持つ方で、生きづらい、自分自身を変えたいと感じている方は、今後、「建設的なパターンを選び取ろう」と決意し、自分自身で建設的な方向に歩みを進めてください。今日、今からつま先の方向を、ほんの少し変えればいいだけの話です。

もちろん、最初は慣れない思考、慣れない感情、慣れない行動を起こすことになるので、ぎこちないことこのうえないでしょう。まるで、自分ではないような気がするかもしれません。

でも、自分にとってうれしくない、不愉快な出来事が起きるたびに、長く落ち込んで立ち直れなかったり、いわゆる逆ギレ状態になって周囲の人に当たり散らすことによって、大切な友人を失ったりした過去と決別するチャンスは、今ここにあります。

長期的に落ち込むことはうつ症状にもつながるし、激怒して周囲へ当たり散らすことは、周りへの影響だけでなく、自分自身の肝臓などを中心とする内臓器官への影響も計り知れません（中国医学では、肝臓は「怒りの臓器」と言われ、怒りっぽい人や過度のストレスを溜めている人は、肝臓にダメージを受けると言われている）。

非建設的なパターンを建設的なパターンに変えること。それは難しいことではありません。特別な勉強も、努力も必要ありません。「変えよう」と思う決意ひとつでいいのです。

それでも躊躇する方は、非建設的なパターンをいつまで続けますか？

！ 心にストレスをかけない生き方は、今すぐに選択できます。

感情のコントロール法②
怒りの構造を知る

怒りの構造を知ることで、怒りを客観的に見つめられる

感情のコントロール、とくに怒りをコントロールする際に知っておくと役立つのが、「怒りの構造」です。

怒りは、怒りそのものだけで成り立っているわけではありません。ある感情が、怒りという形で表面に現われてきているのです。その仕組みを、くわしく見てみましょう。

怒りには目的がある

4章23「感情はコントロールできる」の中で、感情に対する三つの視点のうち、①感情はあるきっかけ（状況）があって作り出され、特定の相手役に対して、何らかの意図（目的）をもって使われている、とお話ししました。このうち、「きっかけ」と「特定の相手役」に関しては説明ずみなので、「何らかの意図（目的）」について触れていきます。

怒りの目的とは何でしょうか。怒りは、その根底に「〇〇であるべきである」や「〇〇しなければならない」という、その人固有の思考や信念などがあります。

前述の「身体・思考・行動との関連」でも触れましたが、鈴木課長は、「部下というものは、上司である自分にトラブルを報告すべきである」という信念があり、吉田家のお母さんは「リビングルームはきれいにしておくべきである」という信念がありました。この「べき」や「なければならない」から外れる出来事が、誰かによって引き起こされたとき、「何でそういうことになるんだ！」という怒りが発生するのです。以下の四つが、代表的な目的と言えます。

・**支配**：親子、上司・部下、教師・生徒などの関係において
・**主導権争いで優位に立つこと**：夫婦間、同僚間、友人間などの関係において
・**権利擁護**：プライバシーを覗かれたり暴かれたりする、人権を脅かされるなどの場面で
・**正義感の発揮**：ルールを守らない人に対する怒りなど。前3項の目的が入り混じる

怒りの相手役は、たいていの場合他人ですが、自分自身に怒りの矛先が向かう場合もあります。この際の感情は、「激しい自己嫌悪」や「自責の念」となります。

二次感情としての怒り

では、怒りは怒りそのものだけで成立するのではない、とはどういうことでしょうか。実は、

怒りの感情の根底には、不安、寂しさ、悲しみ、心配、落胆などの感情が潜んでいます。これらの感情を一次感情と言います。この一次感情が満たされないとき、怒りという二次感情を使って対応することが多くなります。

鈴木課長は、部下の佐藤さんを怒鳴りつけましたが、彼の一次感情は何だったのでしょうか。「以前にも注意したことがあるのに、また同じミスをした」ことに対する落胆があるのかもしれません。

また、「部下の失敗をかぶらなければならないかもしれない」という不安があるのかもしれません。さらに、「なかなか育たない部下への心配」かもしれません。

では、吉田家のお母さんはどうでしょう。「片づけた部屋が汚された」という落胆、「割れたガラスで子どもたちがけがをするかもしれない」という心配、「子どもたちが仲よくしてくれない」という悲しみなどが考えられます。

他にも、毎晩遅く酔っぱらって帰ってくるご主人に怒りを覚える奥さんの一次感情は？（放っておかれている悲しみ、ご主人の身体の心配、浮気ではないかという不安など）、政治に対する怒りの一次感情は？（自分の生活の安定が脅かされるのではないかという不安、老後まで日本は大丈夫だろうかという心配、与党は公約を守ってくれないという落胆・悲しみ）など、身近なことで考えてみると怒りの一次感情はわりとすぐに見つかります。

基本的に怒りは相手を傷つけるし、怒りは怒りを買いやすいという性質があるため、自分が傷つくことも多くなり、非建設的な対応と言えます。しかし、これらの裏側に潜む一次感情に対応してみると、その違いは明らかになります。

鈴木課長のセリフを、もう一度見てみましょう。

「佐藤、おまえ本当にいいかげんにしろよ！ この間、俺は何て言った？ トラブルが起きたら、すぐに報告しろって言わなかったか？ どういうことなんだよ、これは！ お前には耳がついてないのか？ 何度、俺を怒らせたら気がすむんだ、お前は！ 黙ってないで説明しろよ、コラ‼」

しかし、これを一次感情に注目し、それを佐藤さんに伝えるという形にしたらどうでしょう。

「佐藤、前回『トラブルが起きたらすぐに報告しろ』って言ったんだけど、今回また同じようなことが起きて、俺はちょっとがっかりしちゃったよ。同じミスを繰り返すということに対しても心配になるんだが……」

どうでしょうか。怒鳴られたときには、「あー、うるさいうるさい。また怒鳴ってるよ。早く終わらないかな」と思ったとしても、後者のように言われると、かなり心にずしんと響かないでしょうか。

また、夜遅く酔っぱらって帰ってくるなり、「いったい何時だと思ってんのよ！ それに今週酔っぱらって帰ってくるの、何回目よ！ いい加減にしてくれない？ どうして、いつもそんなにだらしないのよ！」と妻に怒鳴られるのと、「今日も12時過ぎちゃったね。一人でご飯食べるの、寂しいんだよね。それに、毎日酔っぱらって帰ってくるから、身体のことも心配してるんだよ」と言われるのと、どちらが夫にとって、「本当にきく」「マズいな」「改善しなければ」と思う言葉でしょうか。

前述したように、怒りはあるきっかけ（状況）があって作り出され、特定の相手に対して、何らかの意図（目的）をもって使われているのです。この目的を果たしたいと心から思うのであれば、「怒り」を使うのは非建設的ということが、先の例からおわかりいただけたことと思います。

怒りは、瞬間的にはききます。しかしそれは、「はいはい、わかりましたよ、謝ればいいんでしょう」というような、その場しのぎで終わることが少なくありません。恒久的に目的を果たしたい、相手に聞き入れてほしい、受け入れてほしいと思うのであれば、怒りを使わず、一時感情を相手に伝えたほうが、よほど効果的であり、建設的なのです。

❗ 相手を怒鳴りたいようなときは、その怒りの根底にある感情を伝えましょう。

感情のコントロール法③

怒りに名前を。さらに反意語か他の意味を

失格ちゃん、バイバイ！

陰性感情、とくに怒りをコントロールするのに効果的な手段があります。ある特定の自分の怒りの感情を見つけたら、その感情にニックネーム（あだ名）をつけるのです。

前述の吉田家のお母さんの例を見てみましょう。彼女は、子どもたちが行儀悪くしたりケンカをすると怒鳴り散らしたり、ときには手をあげてしまう自分が大嫌いでした。怒鳴ったり手をあげた後、決まって強い自責の念が押し寄せ、その感情を長く引きずってしまい、「自分は、何てダメな母親なんだろう」「こんな私に育てられている子どもたちは、不幸になってしまう」「こんな私なんて、母親失格だ」とまで思い悩み、夜も眠れなくなり、カウンセリングを受けに行きました。

カウンセリングの際、その強い自責の念に対して「失格ちゃん」というニックネームをつけることを提案されました。そして、その感情が湧き上がってきたら、「失格ちゃん登場！」「失格ちゃんが暴れだした！」「あっ、今、失格ちゃんがワナワナ震えている！」などとナレーシ

ョンをつけ、登場のテーマ曲やBGMなどを決めて、それを記録に残すように言われました。

「そんな方法、効果があるのかしら？」と半信半疑ながらも、生真面目な吉田さんは次のカウンセリングまでの2週間、失格ちゃんの記録をつけ続けました。

その結果、失格ちゃんがジャジャーン！　と登場するたびに、何だかバカバカしくなって、あの自責の念の強い波に飲み込まれるような感覚がなくなったのです。「あ、また来たのね。今日は帰ってちょうだい」と、子どもに手を振るようにバイバイできるようになったのです。それにつれて、怒鳴る回数も不思議と減っていきました。

感情を客観視し、その実態を把握する

これは、何を意味するのでしょう。おわかりになった方もいると思いますが、感情に名前をつけることによって、自分の中で起こっている感情を客観視することができるようになるのです。「失格ちゃん」と名前をつけ、湧き起こった瞬間を「登場シーン」、心の中で不安や焦り、悲しみが広がっているところを「暴れているシーン」などと、テレビや漫画を見るような感覚で捉えます。それによって、自分の感情を客観視したうえで、その実態を把握することができるようになる、ということです。

また、そうすることによって、自分特有の思い込みの極端さに気づき、その思いを薄める効果があるのです。

他にも応用編として、毎日毎日、感情的かつ理不尽に怒鳴る上司の暴言をストレートに受け止め過ぎて、ストレスで円形脱毛症になり、さらに胃潰瘍になってしまったC子さんは、上司の怒りの種類によって、「ゴジラ」「メカゴジラ」「ガメラ」と名前をつけて、「ゴジラ東京湾から上陸！」「メカゴジラが火を噴いた！」「ガメラ空中戦に持ち込んだ！」と実況するようにしたところ、ギャーギャーとうるさい怒鳴り声を右から左へ受け流せるようになりました。

バカバカしい、とお思いでしょうか？　もっと学術的で難解な方法をお求めでしょうか？この本では、実践的で今日からすぐに始められる、そして自分自身が勇気づけられ、元気が出て、前を向ける方法をご紹介しています。だまされたと思って実践してみてください。きっと、何かが変わるのが体感できるはずです。

「陰性感情」カードの裏にあるもの

もうひとつ、とっておきの方法があります。前項で、怒りは二次感情であり、その後ろには何か別の一次感情が潜んでいる、ということをお話ししました。その感情はおそらく図表9（次ページ）の下段にある、陰性感情のどれかに当てはまるのではないでしょうか。

それが判明したら、その逆の意味を持つ感情を、上段から探し出すのです。ある陰性感情は、ある陽性感情の裏返しとみなすのです。たとえば、次のような例が考えられるでしょう。

・ライバルとみなしている人が、自分よりも先に出世して悔しい。嫉妬や羨望の感情を持ってしまう⬇相手が最も望むもの、「祝福」を提供するチャンスと考え、ぎこちなくても、ほんの少しの勇気を持って、「おめでとう」と言ってみる。そして、嫉妬や羨望を克服して相手を祝福できた自分を祝福する。

・相手が、自分に対していらだちを感じているようだ⬇相手は自分を認めて期待をしてくれているんだ、あのいらだちは信頼感の裏返しなのだと受け取り、いらだたせないように卑屈に動くのではなく、信頼に足る行動を心がける。

・長い間、姑との間に確執があり、さんざん不愉快なことを言われたりされた恨みが積もり積もっている⬇そろそろ、「許し」の時期が近づいてきていると考え、たとえ相手のこと

図表9 ● 陰性感情（下段）は陽性感情（上段）の裏返し

←過去	現在	近未来、未来→
懐かしさ、許し	達成感、満足感、祝福感、憧れ、納得感、信頼感、親近感、くつろぎ、落ち着き、平静さ、ゆとり感、絶頂感、一体感、快感、好奇心、感動、愛、得意、幸福感、充実感、受容感、恍惚感、楽しみ、興味、喜び、うれしさ	安心感、期待
後悔、恨み	怒り、激怒、恐怖、嫉妬、羨望、猜疑心、いらだち、悲しみ、哀れみ、罪悪感、落胆、当惑、失望、退屈、混乱、驚き、嫌悪感、羞恥心、差別感、軽蔑、狼狽、不快感、寂しさ、戸惑い、途方に暮れる、無関心、憎しみ、屈辱感、うんざり感、もどかしさ、所在なさ、侮辱感、臆病さ	焦り、心配、不安

料金受取人払郵便

神田支店
承　　認
8188

差出有効期間
平成26年8月
31日まで

郵便はがき

1 0 1 - 8 7 9 6

5 1 1

（受取人）
東京都千代田区
神田神保町1－41

同文舘出版株式会社
愛読者係行

毎度ご愛読をいただき厚く御礼申し上げます。お客様より収集させていただいた個人情報は、出版企画の参考にさせていただきます。厳重に管理し、お客様の承諾を得た範囲を超えて使用いたしません。

図書目録希望　　有　　無

フリガナ お名前		性　別 男・女	年　齢 才
ご住所	〒 TEL　（　　）　　Eメール		
ご職業	1.会社員　2.団体職員　3.公務員　4.自営　5.自由業　6.教師　7.学生　8.主婦　9.その他（　　）		
勤務先分類	1.建設　2.製造　3.小売　4.銀行・各種金融　5.証券　6.保険　7.不動産　8.運輸・倉庫　9.情報・通信　10.サービス　11.官公庁　12.農林水産　13.その他（　　）		
職　種	1.労務　2.人事　3.庶務　4.秘書　5.経理　6.調査　7.企画　8.技術　9.生産管理　10.製造　11.宣伝　12.営業販売　13.その他（　　）		

愛読者カード

書名

◆ お買上げいただいた日　　　　年　　月　　日頃

◆ お買上げいただいた書店名　（　　　　　　　　　　）

◆ よく読まれる新聞・雑誌　（　　　　　　　　　　）

◆ 本書をなにでお知りになりましたか。

1．新聞・雑誌の広告・書評で　（紙・誌名　　　　　　　　）
2．書店で見て　3．会社・学校のテキスト　4．人のすすめで
5．図書目録を見て　6．その他（　　　　　　　　　　）

◆ 本書に対するご意見

◆ ご感想

●内容	良い	普通	不満	その他（　　　）
●価格	安い	普通	高い	その他（　　　）
●装丁	良い	普通	悪い	その他（　　　）

◆ どんなテーマの出版をご希望ですか

<書籍のご注文について>

直接小社にご注文の方はお電話にてお申し込みください。宅急便の代金着払いにて発送いたします。書籍代金が、税込1,500円以上の場合は書籍代と送料210円、税込1,500円未満の場合はさらに手数料300円をあわせて商品到着時に宅配業者へお支払いください。

同文舘出版　営業部　TEL：03－3294－1801

が許せないとしても、まずは恨みの感情を抱き続けてきた自分に対して、「もう、その苦しい気持ちから卒業してもいいよ」と許してあげる。

・**就職先がなかなか決まらなくて、不安ばかりが募って夜も眠れない**➡不確定な自分の前途を悲観的、否定的に捉えるのではなく、自分の未来は自分自身で切り拓いていくことができる、という自信を持ち、どのように展開するかわからない未来を楽観的、肯定的に見れば期待が湧いてくる。

私たちは、自己決定できる存在です。このような方法を使えば、いつでも「怒り」の呪縛を解き放つことが可能です。しかも、その呪縛は誰のせいでもなく、自分で呪いをかけ、自分で自分を縛りつけたものなのですから、それを解くのは自分自身でしかないのです。

❗「怒り」に名前をつけると、その誕生と成長の様子を客観的に見ることができます。

5章

落ち込んだときにも勇気づけ

The Skills to Encourage Oneself

あなたが落ち込んでいるとき

落ち込みの三大特徴

「何をやってもうまくいかない」「何だか理由がわからないけれど、空回りした状態が続いている」「やらなければならないことに取り組もうとしても、どうもやる気が起きない」というような、あなたが落ち込んだときの心理状態を探ってみると、次のような三つの特徴があります。

①エネルギーの低下した状態
②うつ的な気分のとき
③陰陽の「陰」の状態

「エネルギーの低下した状態」は、英語で「ディプレッション（depression）」と言います。

この「ディプレッション」を経済用語として使うと、「景気低迷」「不景気」となります。モノが売れず、経済のダイナミクスが不活発な状態です。

一方で、「ディプレッション」を医学用語として使うと、「うつ病」になります。精神症状としては、何ごとにも意欲が湧かず億劫な感じがし、趣味や好きなことにも取り組む気がしなくなり、そんな自分を責めるようになります。身体症状としては、体がだるく、おいしかったものがおいしく感じられず、よく眠れなくなります。

このように見てみると、経済用語の「ディプレッション」と医学用語の「ディプレッション」には共通したものがあることがわかります。

「エネルギーが低下した状態」が経済面に出ると不景気になり、人前に出ると元気がなくなり、精神面に表われるとうつ病になります。

また、エネルギーの低下した状態が気分的に長く続くことがあります。これこそ、冒頭に書いた「何をやってもうまくいかない」「何だか理由がわからないけれど、空回りした状態が続いている」「やらなければならないことに取り組もうとしても、どうもやる気が起きない」というようなうつ的な気分です。

ただ、注意していただきたいことは、うつ的な気分は誰にもあるもので、うつ病と診断されるほどではないことがほとんどだということです。1ヶ月の周期でも、バイオリズムのように、好調・不調の波は誰にも押し寄せます。「楽しくて仕方がない」とか「やることが、次々とうまくいく」という時期もあれば、いわゆるスランプのときもあります。

このような好調・不調の波は、古くから中国で陰陽の理論として伝えられています。

下の図表10を見てください。

陰陽のときは循環します。また、その循環の過程を折れ線で示すと、下図のようになります。絶頂、順調、活動のときを「陽のとき」とすると、「陰のとき」は、逆境、不順、停滞のときでもあり、人生を長い期間で振り返ってみると、必ずこのような波があるのです。

落ち込んでいるときの心構え

落ち込んでいると、もがき苦しみ、いち早く今の状態から抜け出ようとしてさらにもがき、そのことでかえって自分自身を苦しめることがありますが、私は、うつ的な気分が長く続き、うつ病という診断名がつくくらいになるならともかく、まだ気分段階なら、次の三つの対処法

図表10 ● 陰陽のとき

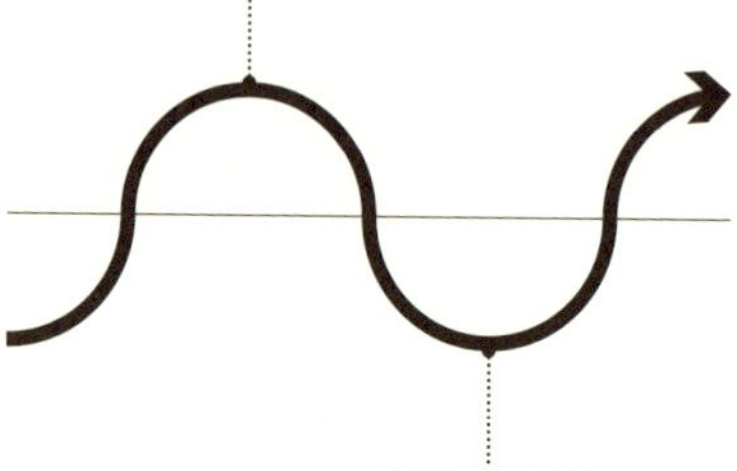

をおすすめします。

①現状肯定
②原点回帰
③絆の回復

①の現状肯定というのは、落ち込んでいる、もがき苦しんでいる今の状態を、ありのままに認めることです。そんなときは、3章で書いた「飛躍に備えて深く屈まなければならない」時期かもしれません。

また、あなたに必要なエネルギーを蓄えるとき（充電の時期）かもしれません。少々落ち込んでいるからといって、もがけばもがくほど深みにはまってしまう恐れがあります。

よく言われているたとえですが、滝壺に落ち込んだとき、必死になってもがくと、かえって水の流れに逆らって命を落としてしまうことがあるそうです。逆に、もがかずに水の流れに身を任せていると、水が自分をしかるべき位置に運んでくれる、と言われています。

次に、落ち込んでいるときは、外に意識を向けるのでなく、内向きに、できれば自分の足元を見ることです。守りに入ることです。

スポーツにたとえると、必ず守り（防御）と攻め（攻撃）の場面があります。気分がハイになって、〝イケイケ状態〟になっているときは、まさに攻めの場面で、積極的に攻撃を仕掛け、できるだけチャンスをものにしなければなりません。

しかし、エネルギーが低下したうつ的な気分になっている陰のときは、内向きに、自分の足元を見据え、失点を抑える守りの姿勢が大切です。

そんなときは、自分が置かれた位置を、仕事、友人関係、家族としての原点に戻って見直してみることです。「遠くの他人」よりも「近くの家族・友人」です。仕事面では、達成したい目標よりも、自分の現在のポジションです。メーテルリンクの『青い鳥』に登場するチルチルとミチルの話のように、幸せを求めて遠くに旅立つのではなく、自分の身近な籠の中に、「幸せの青い鳥」がいることの喜びを噛みしめてみることです。

このことは、③の絆の回復とそのまま結びついています。具体的には、家族や身近な友人としっかりと結びついていることを再確認することです。

家族を例にすると、家族は飛行場のようなものです。あなたが旅先に出かけて戻ってくると、しっかりと受け止めてくれます。必要な整備も施し、再出発に備えてくれます。燃料の補給もしてくれます。

あるカウンセラーが、家を「帰る家」「還る家」と、二つの表記をしていたことがあります。「帰る家」というのは、物理的に帰る家です。それに対して「還る家」とは、物理的に帰れるだけでなく心理的にも受け入れてくれる家です。

あなたが傷ついてボロボロになって帰っても、「お帰り」と迎えてくれ、あなたを詮索せずに包んでくれ、また出て行くときには、「行ってらっしゃい。いつでも帰っておいで」と、温かく送り出してくれる家です。

あなたには、落ち込んでもがき苦しんでいるときでも、こんな家族が存在していることを忘れないようにしましょう。

❗ うつ的な気分のときには、現状をそのまま受け入れ、今の自分を見直しましょう。

みじめな気分になったとき

私のみじめな気分体験

私がみじめさを感じた体験を思い返してみると、二つのシーンが思い出されます。

ひとつめは、サラリーマン時代にメーカーから販売会社に出向した4年間のうちの最初の頃のことです。それまでは、新卒で外資系のメーカーに入り、ほどなくあるブランドの空調機の販売や販売会社の担当を任されるようになっていたのですが、人事異動の結果、資本関係にある別の販売会社のルートセールスになりました。

そんなある日、本社の人から電話が入った際、私は、「あ、Sさんですか。お久しぶりです、岩井です」と出たのですが、その人は「岩井さん、あいかわらず回ってるの」と言われ、腹立たしさというよりみじめな気分を味わいました。たしかに、ルートセールスだから販売店を回るのが仕事だとしても、「回ってるの」という言葉に反応したのです。職場の誰かに相談しようとしましたが、新参者には仲間がいませんでした。

二つめは、サラリーマンを辞めた1ヶ月後のことです。そのとき、私は無職でした。カード会社から、「岩井様は、カードのご利用資格を喪失されました」というような内容の通知を受けたのです。そのカード会社の資格要件は、年収がある一定額以上の、規模の大きな会社の管理職に限られていましたから、無職の私がカードを使うことができなくなるのは当然のことですが、なぜかみじめな気分を味わいました。

みじめさの心理

私のことはさておき、文学作品にも〝みじめさ〟をモチーフとしたものが見られます。その代表的なものが、石川啄木の次の歌です。

友がみなわれよりえらく見ゆる日よ
花を買ひ来て
妻としたしむ

（『一握の砂』より）

ここでのポイントは、「友がみな」です。自分と特定の誰かではなく、自分と以前の所属集団の構成員とを比較して相手が偉く見えてしまい、相対的に自分がみじめに思えてしまうのです。ただし、啄木にとっては親しめる妻がいることは不幸中の幸いでした。

私自身の体験と石川啄木の歌から、私は、みじめさの心理を次のように特徴づけしました。

「みじめさとは、自分自身を特定の誰かとではなく、以前あるいは現在の所属集団の構成員と比較したときに、自分が小さくなったと見えてしまう心理」

みじめさは、特定の誰かとの比較で生じるのではなく、以前に所属していたか、現在も所属している集団の構成員と比較しているのです。私自身の場合は、以前所属していた職場や社会と比較していました。そのうえで、自分自身の存在が小さくなったように見えてしまう心理がみじめさなのです。

そのような点では、みじめさは他者との比較に基づく心理で、広い意味で劣等感が入る感情だとしても、嫉妬とは違います。その違いは、特定の誰かとの比較ではなく、他者の足を引っ張るような破壊的な衝動とは結びつかない点です。また、嫉妬の中には疑惑が存在しますが、みじめさにはありません。

私は、みじめさの中には、プライドや自尊心が潜んでいることを見逃してはならないと考えています。プライドや自尊心がない人が、みじめさを味わうことはありません。

また、みじめさは悔しさと表裏一体のものです。だいたいがみじめで悔しいのです。このことは、後ほど触れることにします。

みじめさや劣等感の克服法

「克服法」という見出しをつけましたが、私は、みじめさを感じることがあるとしても、あえてそれを克服しないで、みじめさをありのままに直視するだけでいいのではないか、と考えています。

先ほど、「みじめさの中には、自尊心が潜んでいることを見逃してはならない」「プライドや自尊心がない人がみじめさを味わうことはない」「みじめさは悔しさと表裏一体」と書きましたが、私は、みじめさの背後に隠されたプライドや自尊心や悔しさに、よりフォーカスしたいと思います。

それは、プライドや自尊心、悔しさを心の中に持ち続け、自分を燃やし続けようとする限り、それは自分自身を高める原動力となるからです。

私自身のことを振り返ると、私は悔しさを味わった2年後、販売会社でセールス・マネジャーになり、その4年後には本社に復帰して中枢部門の課長に抜擢されました。

また、カード会社から味あわされた屈辱的とも言えるみじめさも、そもそも自分で招いたことであり、その後の軌道修正した人生のモチベーション・ファクターになりました。

これと同じことが、劣等感についても言えます。このことは、4章の「誰にでもある劣等感」のところでも書きましたが、あえて繰り返すことにします。

劣等感というと、他者と身体、能力、社会的地位などの比較を行なって、その差から自らを〝劣等〟だと感じることをいうことが多いのですが、それは「対他的劣等感」と私が呼んでいるものです。

劣等感には、もうひとつのタイプがあって、それは、自分の目標と、そこに達していない自分の現状の差を劣等感と感じるというものです。私は、この種の劣等感を「対自的劣等感」と呼んでいます。

目標と現状の差が極端に大きなものではなく、さらに目標そのものが健全なものであれば、その差を埋めるために人は建設的な努力を重ね、創造力を発揮しようとします。

このタイプの劣等感を、アルフレッド・アドラーという心理学者は、「健康で正常な努力と成長の刺激」であり、「すべての人は劣等感を持ち、成功と優越性を追求する」として、劣等感を肯定的に捉えているのです。

劣等感は、目標を持ち、よりよく生きようとすることに伴う感情です。劣等感はかけがえのない友で、あなたが今日あるのを振り返ってみると、「劣等感のお陰」と言っていい部分がかなりあることでしょう。

みじめさと劣等感における「自分を高める原動力」としての共通点として、両者とも克服の必要がないことを述べましたが、ひとつ注意しておきたいことは、それらの感情が暴発して、破壊的な方向に行くことがないように制御しておかなければならない、ということです。

みじめさと劣等感を直視し、その肯定的な側面を生かし続ければ問題はないのですが、世間やある集団を呪い、他人の足を引っ張ったり、自暴自棄になって自分を責め続ける、あげくは死に追いやるようなことをすると、まさに破壊的な方向をたどる一途になります。

!「みじめさ」もありのままに見つめれば、自分を高める原動力になります。

羨望・嫉妬を感じたとき

嫉妬の炎は古今東西

羨望と嫉妬。どちらも他人をうらやましく思い、他人と同じようになれない、できない自分を否定的に見る言葉です。とくに、嫉妬のほうが厄介な感情と言えます。ここで、ちょっと嫉妬の定義を確認しておきましょう。

「嫉妬とは、他者（第三者）によって自分の地位、所有物が危険にさらされたとき、疑惑を伴って他者を引き下げよう、排除しようとして使われる感情」です。ここには四つのポイントがあります。

①相手は第三者である
②危険にさらされているのは自分の地位、所有物である
③疑問を伴っている
④相手を引き下げよう、排除しようという目的がある

嫉妬は古今東西、さまざまなドラマとなっています。西洋で有名な嫉妬の物語と言えばシェイクスピアの『オセロー』、日本では、最古の歴史書である『古事記』にも、嫉妬の物語が登場します。地位、名誉、恋人、配偶者などが奪われたり危険にさらされると、人は嫉妬の炎を燃え上がらせ、相手役はおろか自分自身までも焼き尽くすようなことをしかねません。

また、嫉妬と似た感情として挙げられるのが、「羨望」。嫉妬との共通点は自分の地位、所有物が危険にさらされたときに他者を引き下げよう、排除しようとする場面で湧き上がる感情であり、ともに競争的人間関係の産物で、自分と第三者とを比較し、その差を意識することです。一方で、次のような違いがあります。

①嫉妬が三者関係であるのに対して、羨望は二者関係

②嫉妬は悔しい、癪だという気持ち（相手のマイナス面しか見られない）を元に憎悪にまで発展する感情だが、羨望にはそうありたいと願う気持ち（うらやましいという思いで相手のプラス面を認める）もある

他人の不幸は蜜の味

嫉妬や羨望の的だった人が、何かのきっかけで転落すると、人はその対象となる人に嘲笑、

冷笑、あざけりの感情を持つことがあります。「他人の不幸は蜜の味」という言葉に表わされるように、有名人の不幸をマスコミで知ったり、自分よりも相対的に上にいる人やライバル視している人が失敗したり、不幸に陥ったりすると、思わず顔がほころぶという心理は、嫉妬や羨望の裏返しと言えるでしょう。

「マスコミの寵児」ともてはやされ、毎日のように新聞やテレビ、ネットの世界などを賑わしていた人が逮捕されるようなことがあると、いっせいにバッシングの嵐となるのは、時代を問わず国を問わず、どこでも同じです。

自分が所属している学校、職場、その他組織に嫉妬や羨望の感情がとくに多く含まれていると、足の引っ張り合いや勇気くじきの巣窟となり、非常に居心地が悪いものです。

そしてこれは、あなたが嫉妬・羨望を感じたときだけでなく、場合によっては、あなた自身が嫉妬・羨望の的になり、誰かに足を引っ張られたり、勇気をくじかれたりする可能性が少なからずある、ということなのです。

では、もし、自分が誰かに対してうらやましい、ずるい、悔しい、自分より劣っているくせに幸運だなんて許せない、などという、あまり建設的とは言えない感情を抱いているとしたら、どうすればいいのでしょうか？　こんな気持ちを抱いている自分が嫌だと感じたら、その気持ちや自分をどうすればいいのでしょうか。

まずは、今抱いている気持ちをじっくりと見つめ直してみてください。そして、それが変えられることなのか、それとも変えられないことなのかを見きわめてみましょう。

私たちの人生には、変えられるものと変えられないものがあります。

毎年ひとつずつ年を取ることも、毎日変わる天気も、日本が地震国であることも、個人の力では変えることができません。

しかし、年齢を重ねてもコツコツと運動して体力を維持することはできるし、晴耕雨読という言葉に代表されるように、天気によって過ごし方や気分を変えることはできます。地震を押さえつけることはできませんが、家具を固定したり、非常用持ち出し袋を備えたりすることはできます。

自分に降りかかる出来事を、自分の力で変えることはできないにせよ、その出来事に対してどう取り組むかは、自分の力で変えることができるし、その出来事をどう思ったり感じるかは、自分の心ひとつなのです。

「変えることのできないものを受け入れる平静な心」「変えることのできるものは変える勇気」、そして「それらを見分ける智恵」を身につけましょう。


! 嫉妬や羨望の気持ちが変えられるものであれば、変える勇気を持ちましょう。

心の中で語っていること（セルフ・トーク）

自分自身に語りかける言葉

自分を落ち込ませたり、沈んだ気分にさせるもの、それは出来事そのものだけではなく、自分特有の思い込みが非常に大きな要因となっている、ということはすでにお伝えしました。

人は、意識的にも無意識的にも、また、声に出す出さないにかかわらず、1日に何十回、何百回と自分自身に対して心の中で言い聞かせている言葉があります。これを、セルフ・トーク（内言《ないげん》）と言います。平たく言うと、独り言、つぶやき、ボヤキのような、他人に向けてではなく、自分自身に向けて、つい口に出してしまったり心の中に浮かんだりする言葉です。

たとえば、何か失敗をしたとき、思い通りにいかないとき、逆に何かが成功したとき、うれしい知らせが飛び込んできたときなどに、いつも思い浮かぶ言葉はありませんか？

セルフ・トークの中でも、否定的な言葉は勇気くじきとなり、肯定的な言葉は勇気づけになります。次ページにいくつか例を挙げますので、ご自身の言葉を点検し、チェックをつけてみてください（図表11）。

図表11 ● マイナスとプラスのセルフ・トーク例

否定的なセルフ・トーク例	□うわ、最悪だ □あー、またやっちゃった □嫌な奴ばっかりだよ □ホントに自分はどうしようもない人間だ □最近、忘れっぽいなぁ…… □何で、感情的に怒っちゃうんだろう □消えてしまいたい…… □またサボっちゃった □どうせ嫌われてるんだ □もう、年かなぁ…… □他人の目が気になってしようがない □誰も、私の話を聞いてくれない （以下にご自身のセルフトークを思い出して記入してみてください） □ □ □
肯定的なセルフ・トーク例	□やったぁ！　大成功！ □大丈夫、大丈夫。気にしない、気にしない □何とかなるさ □もう、我慢しなくていいよ □のんびりしようよ □失敗したっていいじゃない □よくやってるよ □ついてる！　ラッキー！ □絶対乗り越えられる！ □本当に、仲間や友だちに恵まれてるな □他人と比べなくてもいいよ □ドンマイ、ドンマイ （以下にご自身のセルフトークを思い出して記入してみてください） □ □ □

いかがでしょうか。いくつか思い当たるものはあったでしょうか？　また、これ以外にも、ご自身の言葉で「よく言う独り言、セルフ・トーク」を思い出してみてください。あなたは、何年くらい前からその言葉を自分自身に語りかけているでしょうか。「あのとき以来」とはっきり思い出せる方は、おそらく少ないと思います。いつからか、いつの間にか、何のきっかけかわからず使い始めていたのではないでしょうか。

これらの言葉は、しだいに自分の心の中に染みわたり、自分自身のイメージを作り上げ、日頃の行動にも影響を与えます。

マイナスのセルフ・トーク、とくに自分自身の言葉を思い出し、それらの言葉を心の中で繰り返してみてください。何だか嫌なことを思い出し、どんよりとした気持ちになってこないでしょうか。自己嫌悪、自己否定の気持ちが大きくなってきたのではないでしょうか。

では次に、プラスのセルフ・トークを心の中で繰り返してみてください。いかがでしょうか、成功したときやうれしかったことを思い出し、何だかやる気が湧いてきて、自分に対して肯定的な、愛しいような気持ちが芽生えこないでしょうか？　それらはまさに、自分自身を勇気づけ、自分の最大かつ最高の味方になるような言葉に他なりません。

「悪魔のささやき（呪いの言葉）」と「天使のささやき（祝福の言葉）」

マイナスのセルフ・トークは、あなたにとって「悪魔のささやき（呪いの言葉）」であり、プラスのセルフ・トークは、「天使のささやき（祝福の言葉）」となります。悪魔はあなたの弱っている心につけ込み、嫌な思い出や失敗したときのつらい気分などをどんどん掘り起こして、あなたを自己否定で縛りつけ、手も足も出ないようにします。前向きな思考ですら奪っていきます。まさに、呪いがかけられた状態になります。

一方、天使はあなたをふわりと救い上げ、翼を授け、どこまでも高く飛べるようにしてくれます。あなたには限りない可能性があり、たとえ一度や二度失敗したとしても、何度でもチャレンジを繰り返すことができ、そして自分にも成功する権利があることを思い出させてくれます。まさに、大いなる祝福、勇気づけをしてくれる言葉なのです。

そして何よりも大切なことは、このどちらの言葉も、あなた自身から発せられている言葉であり、あなたはどちらを発するほうがいいのか、選択できる立場にいるのです。すべては、あなたしだいなのです。

さあ、あなたはどちらの言葉を自分にささやきかけますか？

プラスひと言の効用

「そうは言っても、今までの口癖を変えるなんて難しいよ」という方がいらっしゃるかもしれません。そうであれば、今までの口癖に、ひと言を添えるようにしてください。

「ああ、またやっちゃった……」＋「でも、致命的じゃないから大丈夫！」

「嫌な奴ばっかりだよ！」＋「でも、この対応でずいぶん鍛えられているよなあ」といったようにです。

日本語は、文章の後ろのほうが印象に残るような構造になっています。「あの店、おいしいけれど高い」と言うと、否定的な「高い」が印象に残って、全体的に否定的に聞こえてしまいますが、「あの店、高いけどおいしい」と言うと、肯定的な「おいしい」が印象に残って、文章の全体的な印象は「いい」となります。

ですから、どうしてもマイナスのセルフ・トークが出てしまう方は、後ろにひと言プラスの言葉を添えるようにしてみてください。自分の口から出た言葉が、呪いの言葉から祝福の言葉に変わっていくはずです。

❗否定的な言葉でも、肯定的なひと言をつけ加えれば、全体が肯定的になります。

他者の影響を受けてしまいそうなとき

アダルト・チルドレン増殖中の日本

カウンセリングの現場でもマスコミの報道などでも、ここ数年、非常に目立つのが、自らに「アダルト・チルドレン」というレッテルを貼っている人たちです。彼らは決まって、親から虐待された、無視された、親の酒癖が悪かった、親の夫婦仲がよくなかった、親が仕事人間で家庭を顧みなかった、子どもに関心が薄かった……等々といった話をします。

そもそもアダルト・チルドレンというのは、アメリカのアルコール依存症の治療現場から生まれた概念です。「アルコール依存の親の下で育ち、大人になった人（adult children of alcoholic）」が本来の意味だったのですが、日本では「アダルト・チルドレン」という言葉が一人歩きしてしまった感があります。

アダルト・チルドレンの概念を日本で普及させた、斎藤学氏（精神科医）がアダルト・チルドレンを拡大解釈し、"adult children of abusive parents"（虐待する親）、"adult children of dysfunctional family"（機能不全家族）の下で育った「親との関係で、何らかのトラウマを負ったと考えている成人」にまで発展させてしまったためです。

その結果、「あの人もこの人もアダルト・チルドレン」現象が起き、そのことで批判が集中した斎藤氏は、ある時期からアダルト・チルドレンという言葉を使わなくなりました。しかし、アダルト・チルドレンの一人歩き現象は、今でも影響を与えています。

自らを「アダルト・チルドレン」と称する人には、ある一致した価値観があります。「悪いのは親。自分はその犠牲者」というものです。さらには、親から波及して上長・権威者に対して、否定的な見方をすることを特徴とします。

"村八分"にはなりたくない

また、古来日本人は、イエやムラを重んじ、家長やムラの長、もしくは主君が言うことは絶対である、という価値観に支配されてきました。価値が置かれるのは「個」ではなく「全体」であり、その全体の和を乱す者は村八分にされ、葬式と火事の場合を除くすべての機会で共同体から絶縁される、という制裁を受けなければなりませんでした。共同の井戸も使えない、田植えや稲刈りの時期に誰も助けてくれないというのは、一家にとってかなり深刻であり、死活問題でもありました。

時は流れて、21世紀の現代。ある程度のお金さえあれば、この日本で1人で生きていくことは、それほど難しい話ではありません。それなのに、いまだに「○○さんがこう言ったから、私は我慢せざるを得なかった」とか、「親の影響で、自分はこんなになってしまった」とか、「主人にこうしろと言われているので」といった言い訳をする人がいます。

都合の悪いことは、すべて自分以外の誰かのせいであり、自分はその犠牲者である、というのがその言い分です。

でも、本当に他人のせいなのでしょうか？

あなたをつくったのはあなた、あなたを変えるのもあなた

私が研究しているアドラー心理学では、基本的に「あなたをつくったのはあなた。あなたを変えるのもあなた」という見解を持ちます。自分は自分の運命の主人公、自分という飛行機のパイロットは自分自身であると考えるのです。

たしかに、ある時期まで自分のモデルだった親は、あなたに悪影響を与えていたかもしれません。しかし、理性を持った人なら、親の呪いをいつまでも自分の中に取り込んでいる必要はありません。「（親の影響はあったかもしれないが、最終的に）あなたをつくったのはあなた。あなたを変えることができるのもあなた」だからです。

もちろんそれは、職場の上長や結婚相手に対しても同じことが言えます。もし、あなたが職場に不満を持っていたとしても、その職場に入社することを選んだのは誰でしょうか。疑いもなく、あなた自身です。「親に言われたから、渋々入ったんだよ」という場合でも、親の意見

に最終的には反対せず、渋々ながら入社するという選択肢を取ったのは、あなた自身なのです。

結婚相手も同じです。今の日本で、本人の同意が0パーセントという結婚は考えづらいでしょう。「結婚した頃と今とでは、相手が変わってしまった」という場合でも、「子どもがいるから離婚は考えられない」という場合でも、不満を持ちながらもその相手と一緒に居続けることを選んだのは、あなた自身です。

自分を主人公にして生きると決める

こうしてみると、「他者の影響を受けそうなとき」、あるいは「相手に支配されていると感じるとき」の対処法が明らかになってきます。

たとえば、上長から理不尽なことを言われて、振り回されそうだと思ったとしても、「それを受け入れているのは自分である」と、自分を主体にして考えれば、「やらされ感」は減少するし、本当に理不尽だとか道理に合わないと思ったら、そこで勇気を出して止める決断もできます。

たしかに、最初は怖いかもしれません。支配をするような人や理不尽なことを言うような人は、得てして高圧的だし、声の大きさで相手を圧倒しようとする人が多いからです。

しかも、あなたは今まで〝言うことを聞いてきた人〟ですから、突然、自分に反対するようなことがあれば、相手は混乱するでしょう。しかし、今のままでいたら、あなたはその人といる限り、常に被害者意識を持ち、やらされ感の中で生きていかなければなりません。

そんな人生は楽しくないと思うのであれば、今ここで、舵を切ることが必要です。

もちろん、ものの言い方というのも大切です。突然逆ギレをしたり、感情的になったりすると、相手は聴く耳を持ちません。この方法は4章「自分を勇気づける感情のコントロール」でお話ししたことを読み返し、建設的な言い方を試みてください。相手が怒鳴ったり、威圧的な態度を示しても、それに乗ったり萎縮することなく、冷静に対処しましょう。

それが一度できれば、あなたには「自分の人生は自分で決める」という自己決定性が強く芽生え、自分自身への大きな勇気づけとなるでしょう。

これからのあなたの人生、「自分自身を主人公として生きていく」という選択をしてみませんか？

❗ どんな相手のどんな意見でも、それを選択するのはあなた自身です。

6章

他者を勇気づけるように自分も勇気づけよう

The Skills to Encourage Oneself

他者を勇気づける方法

勇気づけのステップを確認する

もし、自分の大切な人が落ち込んでいたり、人生の迷路に迷い込んでいたり、絶望に打ちひしがれて声も出ないようになっていたとしたら、あなたはどうするでしょうか。その人を、どうにかして勇気づけてあげたいと思ったとき、まず何から始めればいいのでしょうか。

他者を勇気づける場合、まず自分自身が勇気のある人間か、が最も重要なポイントになります。たとえば、目の前でわが子が溺れていたとしても、泳ぎ方を知らない親が水に飛び込んだところで、何の助けにもならないどころか、かえって事態は悪化してしまいます。

まずは、自分自身が泳げるようになること、そして人を助ける体力やコツが必要なように、自分自身を勇気づけ、その勇気づけの技法を身につける必要があります。

本書の冒頭でもお伝えしましたが、勇気づけのステップは次の3点です。

①自分自身を勇気づける

②勇気くじきをやめる
③勇気づけを始める

①の「自分自身を勇気づける」に関しては、2章「勇気づける人になろう」でその方法をお伝えしました。

②の「勇気くじきをやめる」というのは、実は少し難しいことかもしれません。なぜかと言うと、自分では勇気くじきをしていない、それどころか「叱咤激励している」とか、「相手の気づかない部分を気づかせてあげている」という善意の行為のつもりが、実は勇気くじきにつながっている場合があるからです。

人は、自分の悪い行動や習慣は直そうと思いますが、悪いことではない、むしろいいことだと思っていることに関して、それをやめたり修正することは非常に困難を伴います。「よかれと思ってやっている」ことほど、他人にとって迷惑かつやっかいなことはないのです。

勇気づける人と勇気をくじく人の違い

勇気づける人と勇気をくじく人を対照表（図表12）で見ると、明らかな違いがわかります。

まず、勇気をくじく人は、「恐怖で動機づけ」ます。具体的には、「これができなかったらクビだからな」とか、「やらなかったら、どういうことになるかわかっているだろうな」という、いわゆる脅迫や体罰などで相手を支配して行動させる方法です。

歴史を紐解いて、独裁者による専制政治などの例を見てもわかるように、恐怖による動機づけは、一時的には効果が上がります。「死にたくない」「傷つけられたくない」という感情が、行動を起こさせる理由になるからです。しかし、これは勇気づけの対極に位置するものであり、長期的に効力を発揮することはありません。遅かれ早かれ、反乱が起きます。人は、恐怖に長時間耐えることはできないからです。

次に、「悲観的（マイナス思考）」であること。4章でも書きましたが、「どうせ」が口癖のこの人たちは、自分たちばかりでなく、他人のやる気も見事に削ぎます。「どうせ」が口癖の方は、どうかその口癖は封印してください。

そして、「できない」の中に、「ここまでならできる」「これならできる」を探してみてください。それを活用することを心がければ、「どうせ」は少しずつ薄れていきます。

3番目の「原因（過去）志向」も、2章でお話しした通りです。後ろを振り返ることは簡単です。逃した魚は常に大きいかもしれません。しかし、未来という海には、さっき逃した魚より大物がうじゃうじゃ泳いでいるのです。

「何で、あんなことをしちゃったんだろう」と考えるのであれば、「あんなことをしちゃって痛い思いをしたけど、もうあの道を選ぶことは二度とない」と考えれば、未来への数限りない選択肢の中の「はずれ」の確率が減ったと思えないでしょうか？　それは、とても喜ばしいことだと考えられないでしょうか？

4番目の「聴き下手」は、2章11「『聴き上手』で接する」を再読してみてください。まずは、ただただ耳を傾けてあげること。それが、今からできる勇気づけの第一歩です。

5番目の「細部にこだわる」。世の中には、几帳面な人もいれば、ずぼらな人もいます。几帳面な人の中には、ずぼらな人の一挙手一投足が気になって気になって仕方がない人もいるでしょう。きっちりしたスーツが大好きで、シャツやハンカチはぴっちりと糊強めでアイロンがかかっていないと嫌だという人もいるでしょう。でも、よれよれっとして首が伸びているTシャツと短パンが快適という人もいるのです。

完璧であることは美しいことかもしれません。しかし、「木を見て森を見ず」という言葉にもあるように、大枠さえしっかりしていれば、あ

図表12 ●「勇気づける人」と「勇気をくじく人」

勇気づける人	勇気をくじく人
①尊敬と信頼で動機づける	①恐怖で動機づける
②楽観的（プラス思考）	②悲観的（マイナス思考）
③目的（未来）志向	③原因（過去）志向
④聴き上手	④聴き下手
⑤大局を見る	⑤細部にこだわる
⑥ユーモアのセンスがある	⑥皮肉っぽい

とは多少のことには目をつぶり、あるがままに任せておいたほうがうまくいくことも少なくないのです。芸術や機械などの「モノ」には完璧を求めても、対人関係に関しては、多少の余裕を持つことが勇気づけにつながります。

最後に「皮肉っぽい」人。たしかに、うまいタイミングで皮肉が言える人は、とても頭の回転が速い人でしょう。ただ、その頭のよさがあだになって、「嫌な奴」「ひと言よけいだよ」と言われかねません。わーっと盛り上がっているところを、さらに盛り立てるようなひと言を加えるのが、「ユーモアのセンスがある人」。逆に、氷水を浴びせかけて火を消すようなひと言を投げつけるのが、「皮肉っぽい人」です。勇気づけをするのはどちらか、勇気くじきをするのはどちらか、は明白です。

もし、ご自身で「勇気くじき」に該当するようなことについて身に覚えがあるとしたら、今日があなたの気づきの日です。今日から勇気くじきの要素を少しずつ手放して、そして勇気づけのステップその3「勇気づけを始める」に取りかかってください。

❗自分が実践することによって、相手に対しても実践することができます。

勇気づけを始めるなら

勇気づけをスムースに始めるために

自分への勇気づけができるようになってきた。自己肯定感も高まってきた。また、自覚が芽生えたことによって、他人への勇気くじきも少なくなってきたような気がする。こうして、しだいに心が整ってきたと感じるようになったら、もう勇気づけを始める準備は万端です。勇気くじきをやめる、と決めたときからでも、勇気づけを始めることができます。

ただ、「こうしておくと、自分も周りも、スムースに勇気づけをしたり受け入れたりすることができる」というポイントがあるので、それをご紹介しましょう。

大々的な実行宣言で、自分を「有言実行の人」にする

まずは、周囲の人に『勇気づけを始める』宣言をすることをおすすめします。とくに、今まで勇気くじきの対応をしてしまっていたかもしれないという方に、強くおすすめしたいのがこちらです。

勇気づけのテーマで研修や講演をしていると、非常に多くいただくのが、「今まで厳しい対応をしていたのに、いきなり勇気づけを始めると、『何か、裏があるんじゃないか』と訝《いぶか》しがられるのではないかと思うのですが……」

「今さら、急に態度を変えるのは、自分としても恥ずかしいのですが……」

などといった相談や質問です。上司から部下、親から子どもだけではなく、夫から妻へ、という関係でも、戸惑っている男性が多いようです（逆に、妻から夫へという場合は、とくにこのようなお悩みを聞くことは少ない）。

たしかに、今までダメ出しをし、何かあれば過去ばかり見て原因や犯人探しをし、できて当たり前、そして、相手に対する不満や怒りを思うままにぶつけたり、ストレスを抱え込んでいた方が、「勇気づけ！」と孤軍奮闘したところで、周りは「何が起きたのか？」と訝しがるばかりです。

それどころか、「今日は、たまたま機嫌がいいんだろう」くらいの対応をされて、ちょっとカチンとくるような事態を招きかねません。

では、このような事態を打破するにはどうすればいいのでしょうか。

簡単です。大々的に宣言してしまえばいいのです。

「『自分を勇気づける技術』という本を読んだら、勇気づけのことについて書いてあった。とてもいいと思ったので、これから実行することにする」と。

そして、具体的にどうするのか、ということを簡単に話せばいいのです。一度、そう宣言しておけば、あなたの言動が変わったことに対して揶揄する気持ちは薄れ、またその言動を以前のあなたと比較して、おそらく感謝と尊敬の念を持つことでしょう。誰でも、勇気くじきをされるよりは、勇気づけをされるほうがうれしいからです。

禁煙でもダイエットでも、宣言をすると周りのほとんどの人がお目つけ役になり、協力をしてくれることでしょう。

最初は苦しいかもしれません。相手のダメなところがやたらと目について、怒鳴りたい、嫌みのひとつでも言ってやりたい、「何で、こんなことになったんだ」と追及したくなるかもしれません。

もちろん、相手の間違いを指摘したり、悪い部分を修正することは必要なことです。しかし、「勇気づけ」宣言をしたあなたは、修正や指摘のベースに「勇気づけ」があることをお忘れなく。もちろん、周りも期待しています。そうやって、何度も何度も繰り返しているうちに、あなたは真の「勇気づける人」になっていることでしょう。

目線を低くすると見えてくるものが変わる

親や上司、教師などの立場から、子どもや部下、学生を見るとき、どうしても上からものを言いたくなることがあります。「教える」立場の人間は、「教わる」立場の人間に対して、どうしても威圧的に出てしまいがちです。教えたことはできて当たり前。もし、できなかったら、「どうしてできないんだ」「何が原因だ」とあら探しを始めます。このような態度では、どうしても勇気くじきになってしまいがちです。ここでは目線を低くする、つまり「教わる」立場と同じ目線になっていただきたいのです。

誰でも、子ども時代や新人時代を経験しています。たとえ、学生時代に起業をしたという方がいたとしても、お客様にはじめて頭を下げることはあったはずです。その頃のことを思い出してください。具体例を挙げてみましょう。

今のあなたは、ベテラン社員だとします。会社で目の前の電話が鳴ったら、何の躊躇もなく受話器を取って、「(社名)でございます。いつもお世話になっております。○○ですね、少々お待ちくださいませ」と言うことなんて、何にも考えずにできるはずです。今日1日で、いったい何本の電話を受けたかすら忘れるほど、そして、会社に入ってから今までの間に何度、同じような会話をしてきたか思い出せないほど、何の気なしにできる業務のひとつです。

しかし、そんなあなたにも、新入社員としてはじめて会社の電話を取るという、記念すべき第一回目があったはずです。あなたは、ドキドキしながら受話器を取ったはずです。マナー研修や新入社員研修などでロールプレイ演習をさせられたことが、ありありと思い浮かびます。

聞き取れなかったらどうしよう、間違えませんように……そう思って電話を取り、無事につないでほっとしたとき、隣の席の人が「大成功!」と言ってくれたら、ニッコリしないでしょうか？

「失敗した」「達成できなかった」「力不足だった」場合にだけ注目するのではなく、もし自分が新人だったら……ということを想像して、勇気づけをする。あなたにとってはたいしたことではなくても、言われる彼ら彼女らにとっては、大きな一歩目であることを認め、身体を屈めて彼らと同じ視線まで落としてみるのです。

すると、もうあなたの目線からは見えなくなってしまったいろいろなものが見えてきて、ある意味、新鮮な気持ちで仕事に取り組んだり、どんな言葉がけが勇気づけに直結するのかがひらめいたりするのではないでしょうか。

「勇気づけ宣言をする」「目線を低くする」——勇気づけを始めるなら、まずはこの二つをやってみてください。それが、あなたの勇気づけの扉になり、そこから先の勇気づけの世界への確実な第一歩となることでしょう。

恥ずかしいのははじめだけ。勇気を持って「勇気づけ」宣言をしましょう。

加点主義

あなたは、どちらの言葉を言われたいか

今まで、何度も「わかりづらい」と言われ、苦手だった企画書の作成。『よくわかる企画書の書き方』『見やすい企画書』などの本を買ってきて、コツコツがんばって要点をまとめ、論旨も通るようにし、ようやく納得できるものが完成！　会議で提出したところ、今まで、さんざん内容について嫌みを言っていたA課長は、

「……。色遣いが地味すぎないか、この企画書？」

同じように「わかりづらい」と言っていたB課長は、

「おお、今までより内容がわかりやすくまとまっているじゃないか！」

おそらく、どこの会社でもありがちな光景ではないかと思われます。あなたは、どちらの課長の下で働きたいと思うでしょうか？　そして、あなた自身はどちらの対応をしているでしょうか。

もちろん、会社の中だけとは限りません。算数と理科が苦手で、どちらもいつも50点そこそ

このテストを持って帰ってくるわが子。今日は、「ねえ、パパ、ママ、見て！　理科が85点だったよ！」と、満面の笑みでランドセルからテストを引っ張り出して、差し出します。理科はたしかに85点。でも算数はいつもの50点。

「ああ……算数も同じくらいだったらねえ……」とため息をつくでしょうか。それとも、「おお！　理科がんばったんだねえ！　うれしいねえ。バンザーイ！」と、一緒に喜ぶでしょうか。

たしかにどの親でも、「ああ、算数も同じくらいだったらねえ」と思うでしょう。思うことが悪いのではありません。わが子に期待をかけるのは、決して悪いことではありません。

ただ、前項でも書いた通り、目線を低くして見ていただきたいのです。子どもの立場に立っていただきたいのです。あなたがこの子だったら、どちらの言葉を言われたときに自己肯定感が高まるでしょうか。親から認められている、愛されている、そして自分は親の喜ぶ顔を見ることができた、と思って誇らしい気持ちになれるでしょうか。

進歩・成長に共感する加点主義

日本では、世の中の多くのことが100点からの減点法で捉えられています。70点を取ったとしても、できない点に注目をすると、「マイナス30点」の印象が強く残ります。「何ができたか」ではなく、「できなかったところはどこか」「なぜ、できなかったのか」「何が悪かったのか」ばかりに気が取られてしまうのです。

また、減点主義の立場に固執すると、前回70点だった人が80点を取ったとしても、「プラス10点」ではなく、100点からの「マイナス20点」にばかり注目をしがちになり、まだまだだな、いまいちだな、といった否定的な考え方から抜け出すことはできません。

減点主義発想の反対が、加点主義発想です。加点主義発想は減点主義と異なり、「プラス10点」「点数がぐんと上がった理科」「わかりやすくなった（企画書の）内容」に注目をします。肯定的で、結果ではなく進歩・成長に注目し、その進歩や成長を喜びながらさらに伸ばしていこうという考え方です。

これは、目線を低くして相手に関心を持つ共感的な態度であり、相手がその進歩・成長を遂げるためにかなりの努力をしたということを見出し、それを言葉にして伝えます。

言われる側にしてみれば、努力を認めてもらえたうれしさを感じ、努力をしたらこのように報われるのだ、と実感することができます。

その結果、やる気やモチベーションがぐんと上がり、次の課題に取り組もうとする意欲が高まります。また、他人から（とくに認めてほしいと思っている相手から）加点主義的な言葉をかけられたという成功体験を積み重ねることができ、それはその後の仕事や勉強、スポーツなど、あらゆる分野に共通してプラスの方向へと向かいます。

人事考課などを行なう際に、日本で従来広く行なわれていたのは減点主義でした。しかし、最近では加点主義を行なう、と明言している会社も見かけるようになってきました。半期ごと、あるいは四半期ごとに目標設定をさせ、それをどのくらいクリアしたかを評価の基準にする、というやり方が多いようです。しかしながら、この方法には疑問を呈する人がいます。

「目標を高く設定し、かなりの努力や創意工夫をしたものの、50％しか達成しなかった人」と、「目標を低く設定し、それほどの労力をかけずに楽々クリアし、プラスアルファの業務をした人」では、後者のほうが高い評価を得るという事例が続出したからです。

これは、「表面的な加点主義」にすぎません。また、加点主義は10点でいくら、20点でいくら、と勘定できるものではないということは、ここまで読んできたみなさんにはおわかりいただけることでしょう。

本来の加点主義というのは、あくまでも「進歩・成長に注目し、その進歩や成長を喜びながら、さらに伸ばしていこうという『考え方』」です。

ここで、少し「企業」や「人事考課」という言葉から離れましょう。想像してみてください。どの家でも、はじめて赤ちゃんが生まれたら、その子に対して、両親や祖父母はどのような対応をするでしょうか。すやすや寝ているだけだった赤ちゃんが、はじめて寝返りを打ったとします。すると、

「うちの子、今日寝返りが打てたんです！」と、大喜びで世界中に触れ回りたくなるでしょう。その後、はじめてハイハイをした。はじめてつかまり立ちをした。はじめて一歩歩いた。

そして、はじめて自分のことを「ママ」「パパ」「ジイジ」「バアバ」と呼んでくれた。「今日はこれができるようになった！」「今日はあれもできるようになった！」――その喜びは計り知れないでしょう。

これが、究極の加点主義ではないか、と私は思います。残念ながら、数年後には「静かにしなさい！」「バタバタ走り回るんじゃないっ！」と、目を吊り上げて大声を出していたとしても。

❗ 進歩・成長したプロセスに注目して、その成果を喜びましょう。

ヨイ出し

「ダメ出し」文化の日本で生まれ育った私たち

「ダメ出し」という言葉は、日本で生まれ育った方ならどなたでもごぞんじの言葉だと思います。スポーツの世界でも、テレビのバラエティー番組などでも、ときには政治の世界でも出てきます。もとは演劇関係の用語で、俳優に演技上の注意を与える。転じて、仕事などのやり直しを命じることを表わします。

「提出した企画書、部長からダメ出しくらったよ」「ランニングのフォームにダメ出しされて直した」「彼女に服装のダメ出しされちゃった」「姑に、料理のダメ出しをされて落ち込む嫁」など、さまざまな場面で使われています。

教育現場でも、社会生活の中でも、私たちはダメ出しに慣れています。というより、身体に染みついていると言っても過言ではありません。

ビジネス文書の定型文のひとつに、「今後とも、ご指導ご鞭撻のほど、何卒よろしくお願い申し上げます」というものがあります。ふだん何気なく使っているこの言葉、「ご指導」はまだしも、「ご鞭撻」の「鞭」はむち、「撻」はむち打つという意味です。「鞭で打って罰して、戒めてください」というのが元の意味です。

これは極端な例としても、「何か至らない点がありましたら、どうぞ遠慮なくご指摘くださらい」という言葉も、「どうか、ダメ出ししてください」と相手にお願いしている、と考えると、ちょっと不思議な気がします。

ダメ出しに100%ダメ出しをするわけではない

ここで確認をしておきたいのは、ダメ出しをされてきた私たちの過去を、真っ向から否定するものではない、ということです。たとえば、外国人旅行客が持つ日本の印象として、「街がきれい」「子どもから大人まで、公共のルールがきちんと守られている」「礼儀正しい」など、賞賛の声が多いのは、私たちが子どもの頃から、「〇〇をしてはいけません」「〇〇をしなければいけません」という、大きな括りでの「ダメ出し」を世間からされ続けてきた結果、他人に迷惑をかけることを強く戒める日本特有の文化として、公共心、道徳心などが、他国よりも強くなったのではないかと思われます。

ただ、この国にはあまりにも行き過ぎた〝ダメ出し文化〟があることも、またたしかなことだと思われます。

「いつもいつも」遅刻をするあの人の「いつも」

「うちの課の吉田はさあ、本当に、いつもいつも遅刻してるんだよ。まったくあり得ないよ」
「今度の新人さん、全然挨拶しないのよ。いったいどういうこと!?」

うんうん、いますね、そういう人。この「いますね」は、吉田さんや新人さんのような人のことではなく、上記のような言い方をする人のことです。

「遅刻をする」「挨拶をしない」は、もちろん老若男女、いかなる場でも基本的にはマナー違反です。それはいったん置いておくとして、吉田さんは「本当に、いつもいつも」、たとえば出勤日はすべて遅刻しているのでしょうか。また、その新人さんはどんな状況でも「全然」挨拶をしないのでしょうか。

図表13 ● 人の1日の行動の中で「不適切な行動」は5%程度

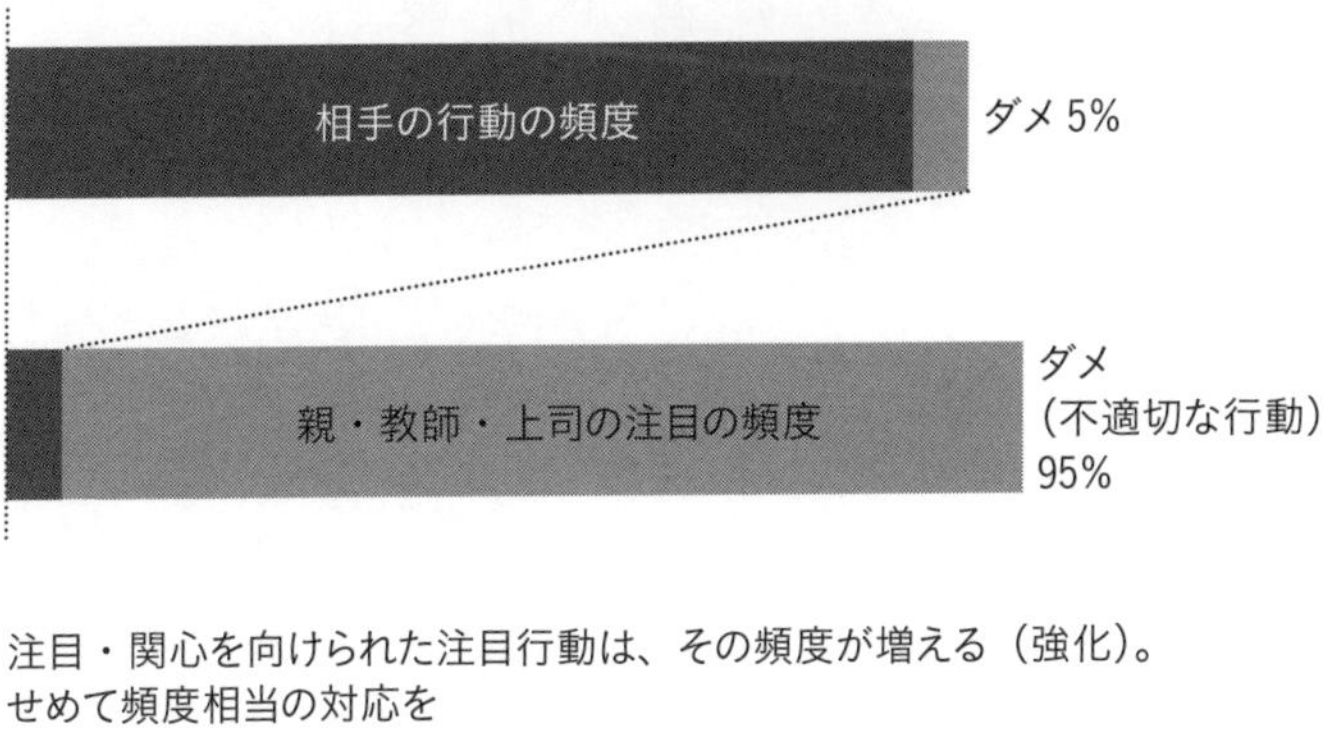

注目・関心を向けられた注目行動は、その頻度が増える（強化）。
せめて頻度相当の対応を

図表13をご覧ください。人は誰しも、1日の行動のほとんどが適切な行動によって成立しています。不適切な行動……遅刻をするとか、挨拶を忘れてしまう、というのは5%程度です。

「いや、そんなことはない。うちのアホ亭主とバカ息子は、やることなすこと全部不適切だわ！」とお怒りの方もいらっしゃるでしょう。でも、ちょっと待ってください。「適切な行動」というのは、あなた個人を喜ばせる行動ではありません。朝きちんと起きる、身仕度を整える、食事をする、歯を磨く、人とかみ合った会話をする、職場や学校に行く、業務を行なう（電話に出るのも、書類を作成するのも、メールの返事を書くのも、すべて業務）、家に帰ってくる、風呂に入る、寝る……このすべてが「適切な行動」です。

「当たり前のことばかりじゃない!?」——そう、「適切な行動」というのは、「善行」に限らず、当たり前の行動のことなのです。あなたの周りの、怒りの対象となっている方々は、これらの「適切な行動」のうちどのくらいできていますか？　あるいは、どれくらいできていないでしょうか？

当たり前のことに注目し、積極的に言葉でヨイ出しをする

図表13の通り、人は圧倒的に建設的な行動をしています。しかしながら、これらの行動は「当たり前」「目立たない」という二つの特徴があるために、非建設的な行動ばかりが目立ってしまい、注目の頻度は完全に逆転してしまうのです。

また、「注目」にも特徴があります。人は、ある行動に注目されると、その行動の頻度が上がります。ですから、相手によくなってほしいと思ってダメ出しをするほど、逆にその行動が増えてしまうという傾向があります。

さらに、相手に恐れを抱かせるような威圧的な態度でダメ出しをし続けると、「また、失敗したらどうしよう」「間違えるくらいなら、何もしないほうがいい」と、行動や感情そのものが委縮してしまうのです。

そこで、みなさんに心がけていただきたいのが、ダメ出しの反対である「ヨイ出し」です。ヨイ出しとは、その人の行動の建設的な側面に注目し、その事柄に対して積極的に言葉に出して伝えることです。この「言葉に出して」というところが肝心です。

日本人は「察し」の文化に慣れており、「そんなことは、いちいち言うまでもない」「相手のことを察しろ」。そして、比較的新しい言い回しとして「空気を読め」という言葉を共通感覚として持っています。

でも、先ほど「人はある行動に注目されると、その頻度が上がる」と述べましたが、それはもちろんヨイ出しにも通じます。ヨイことをしてほしければ、ヨイことを積極的に表現する必要があるのです。

ここで、みなさんもよくごぞんじの例をひとつ。日本各地の公共の場にある洗面所の貼り紙が、ここ数年で変わってきたと思いませんか？　以前は、「次にご利用になる方のために、きれいにお使いください」「次にご利用になる方のために確実に水をお流しください」といったものがほとんどでした。ところが近年は、「いつもきれいにご利用いただき、誠にありがとうございます」と変化してきています。

「はじめてこのトイレに入るのに、『いつも』とは何事だ！」というのは置いておいて、こうした表現が増えているのは、ヨイ出し効果が出ているから、という理由からだと思いませんか。

❗注目されるとその行動の頻度は上がります。相手のヨイ行動に注目しましょう。

The Skills to Encourage Oneself #38

プロセス重視

あなたが、子どもだった頃のことを思い出してください

突然ですが、あなたは自転車に乗れるでしょうか（乗れるのがいい、乗れないのが悪いということではありません）。ここで、「乗れる」とお答えになった方に質問します。三輪車から乗り始めて、補助輪のついた自転車に格上げし、そして補助輪を外したとき、そのはじめての「二輪の自転車」デビューをした日に、すぐに問題なく乗れた方は少ないはずです。

ハンドルはゆらゆらガクガクし、体中に力が入って、ちょこちょこと地面に足を着いてしまって、あげくの果てに転んで、膝を擦りむいたかもしれません。また「自転車の練習」というと、「日曜日」「公園」「お父さん」というキーワードが浮かび、その「お父さん」、あるいはそれに代わる人がスパルタで、「ほら！　何やってんだよ！」「遠くを見るんだ！」「もう1回！」と大きな声をあげているシーンが目に浮かぶようです。

そして、地道な努力とよき指導者の熱意の結果、あなたは自転車に乗れるようになった。その「あっ！　乗れた！」という瞬間。人生初期の思い出の一場面として記憶に残っている方は、

かなりいらっしゃるのではないでしょうか。

自転車の思い出がない方は、「逆上がり」でも「クロール」でも「二重跳び」でも、何でもかまいません。コツをつかむタイプの動作・行動のものは、生まれてはじめて挑戦したときにその場でできて、その後まったく失敗したことがない、という人はきわめて少ないと思われます。

今は身体が覚えていて、何の意識もせずにできる。そんなことは数えきれないほどあるでしょう。今、あなたができるようになったこと（結果）は、それに対して努力を重ねてきたプロセス（経緯）があるからなのです。そして、結果までのプロセスが、山あり谷ありであるほど、それはあなたの身体と心に定着しているものなのです

あなたの子どものことを思い出し、または想像してみてください

話は変わります。今この項を読んでくださっている方の中で、お子さんがいらっしゃる方は、ご自身のお子さんのことを思い出してみてください。いらっしゃらない方は、ご自身が親になったつもりでお考えください。

私たちは、すでに十数年～何十年と生きている大人なので、十分な知識と経験があります。ところが小さな子どもは、毎日のように、「生まれてはじめて！」という出来事に遭遇しています。大人、とくに多忙を極めていて、子どもと接する時間が限られている親の多くは、つい「○○ができるようになった」という結果だけを見て子どもを評価しがちです。子どもが熱中し

て何かに取り組んでいるとき、はじめのうちはにこにこしながら見守っていたとしても、しばらく経つと、「ああ、そこはそうじゃない！　こうしたほうがすぐできるのに！」とか、「あー、イライラするなあ。なんて、要領が悪いんだろう……」とか、「パパ（ママ）に貸して！　こうやるの！　わかった？」などと、つい口を挟みたくなります。

その気持ちは、わからなくはありません。親心の現われということも、十分に理解できます。子どもがチャレンジしていることに対して、成功体験を積ませてやりたい、ということもあるかもしれません。

でも、ここはぐっと我慢をしていただきたいのです。なぜでしょう。先ほど、ご自身が子どもだった頃のことを思い出していただきましたが、それとまったく同じなのです。今、子どもたちは、一生に1回しかない、「はじめて」という貴重な経験をしているのです。

そこには困難もあり、うまくいかないもどかしさもあり、ときには途中で投げ出してしまいたくなることがあるかもしれません。それらも含めて、すべてが子どもの貴重な経験であり、成長のためのプロセスなのです。親には、その子どもの貴重な経験を潰す権利はないのです。

努力と結果は、必ずしも比例しないけれど

プロセス重視は、結果重視の対極の対処法です。子ども時代の記憶や子どもに対する態度・行動の例を出しましたが、もちろん対象は子どもだけに限りません。部下、後輩、新人、そし

て、ときには年老いた親の場合もあるかもしれません。

いずれの場合でも、「相手の目で見、相手の耳で聴き、相手の心で感じ」ながら、相手の行動の結果よりも、相手の行動のプロセスや努力に寄り添う姿勢が大切です。どの場合でも、こちらが期待するようにできないことが多いことでしょう。

それでも、その実力に即した進歩・成長を認め、ときには退歩や失敗も許容する心を持ち続けることがポイントです。

ご自身でも経験があるかもしれませんが、努力と成果はぴったりと比例するものではありません。資格試験、英会話、業務の習熟から、スポーツや楽器などの趣味にいたるまで、とくに取り組み始めの時期には、かなり努力をしたつもりでも成果がついてこない時期があります。

図表14 ● 累積努力と累積成果のギャップ

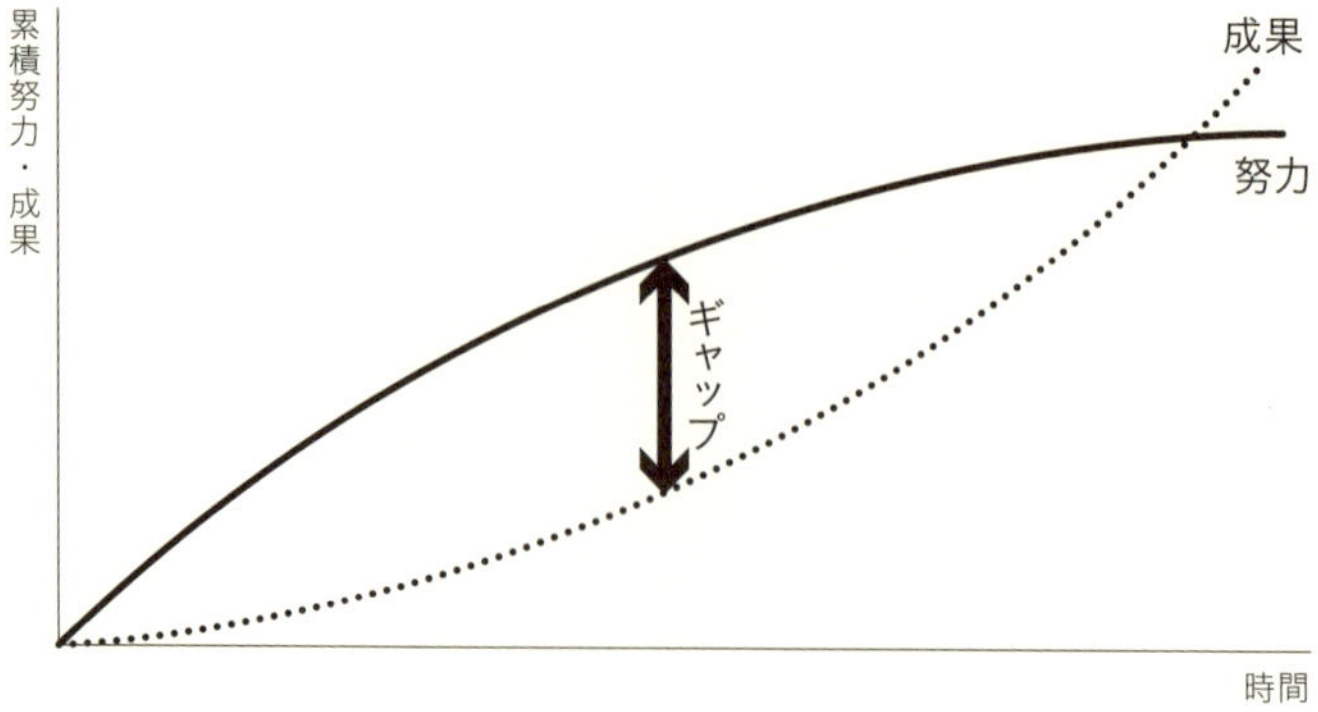

子どもの勉強や高齢者のリハビリなどは、なおさらこの傾向が強いと言えます。

あるものごとに取り組んだ際の累積努力と、その結果として得られる累積成果は、図表14のような曲線を描きます。

この、努力と成果の間のギャップに苦しんでいる時期に「無駄なことをしている」「要領が悪い」など、減点主義やダメ出しの姿勢で相手に接した場合、相手は勇気をくじかれ、「いくらやっても時間の無駄だ」「向いていないんだ」と、挑戦することをあきらめてしまったり、あるいは不適切な方法（試験におけるカンニングや答案の丸写しなど）を学んでしまいます。

では、どのように対処すればよいのでしょうか。

その答えは、この項目の最初にみなさんにお聞きした通りです。

「あなたができるようになったこと（結果）は、それに対して努力を重ねてきたプロセス（経緯）があるからです。そして、その結果までのプロセスが山あり谷ありであるほど、それはあなたの身体と心に定着している」はずです。

だからこそ、結果だけではなく、そのプロセスを重視することです。そして、そこで苦しんでいる相手に対して、勇気くじきの口出しやおせっかいをするのではなく、苦しんでいる相手の「気持ち」に寄り添い、見守ることが大切なのです。

❗ 成果が出ずに苦しんでいる人は、そっと暖かく見守りましょう。

失敗を受容する

失敗を思い出してみる

ここでは、少しだけ苦いものを味わっていただきます。

今までの人生で、あなたが経験した最大の失敗はどんなことだったでしょうか。何歳のとき、どんな状況だったでしょうか。受験や就職活動での不合格のように、自分だけにダメージが来るものだったでしょうか、それとも、家族や友人、職場の仲間も巻き込んで迷惑をかけてしまうような大きな失敗だったでしょうか。

誰しも、思い出したくないのが「失敗の経験」です。しかし、失敗イコール「悪いこと」「あってはならないこと」、または失敗した自分イコール「最低の人間」「価値のない人間」「生きている資格などない人間」というわけではありません。

まず、それが大前提であることを、心のどこかに留めておいてください。

万死に値する失敗などない

失敗は、たしかに人生の中で心に傷を残す、とてもつらいことです。とくに、記憶に残るような失敗をしてしまった場合は、当然落ち込むし、しばらくは立ち直れないかもしれません。

そんなとき、自己否定の声が自分自身の中でこだまします。5章32「心の中で語っていること」でご紹介した「悪魔のささやき」が、全方向から刺すようにあなたを包んでいくでしょう。いわく、

「うわあ……最悪だ……」

「もう嫌だ、人生おしまいだ」

「何で、あのとき確認をしなかったんだろう」

「今までの努力がぶち壊しだ」

「全部、自分が悪いんだ」

「もう、恥ずかしくて人前に顔を出せない」……。

極端な場合、ひとつの失敗が原因で自分を責め続け、精神を病んで自殺を図る、という結果まで考えられます。

しかし、ここで自分の内側から一歩離れて、客観的に考えてみてください。司法の場で極刑の判決を受けるような凶悪事件を起こした場合を除いて、「万死に値する」失敗などあるのでしょうか。ありません。

失敗の受け止め方、見方を、今ここで変えてみよう

では、もうひとつ質問をします。あなたは、なぜ失敗をしたのでしょう？　これには、いくつか答えがあるかもしれません。でも、さまざまな失敗には共通した答えがあります。

なぜ、失敗をしたかというと、「チャレンジしたから」です。「なあんだ、そんな答えか」と思われるかもしれません。しかし、それは事実です。

失敗の記録は、あなたが大きな目標を持ち、積極的に取り組んだ証なのです。さらに、勇気をくじかれている人や勇気がない人は、失敗したときに自分や周囲の人を過度に責め、底なし沼にはまったかのようにネガティブな思考を繰り返し、残りの人生を卑屈と恨みに満ちたものにしてしまう可能性があります。

しかし、勇気がある人、そして勇気を持とうと決心した方は、失敗したことにより一時的に落ち込むことはあったとしても、どこかの時点で歯止めをかけることができ、失敗から教訓を引き出し、同じことが起こりそうなときに、その教訓を生かして同じ失敗をしないように努力することができます。失敗を失敗だけに終わらせることなく、「学習のチャンス」として活かすことができるのです。

また、失敗を恐れるあまりに安全な道ばかり選んで歩いていたら、大きな発見も、達成感も得ることはできません。極端な例ですが、ジャングルは何がいるかわからないからと、都会で

文献ばかりをあさっている生物学者は、新種の熱帯生物を発見することはできないでしょう。何度もジャングルに分け入って、ときには危ない目に遭ったり、つらく苦しい思いをしたり、研究自体で何度も失敗をした学者だけが、今まで誰も見たことがない生物に出会うことができるのです。たとえ出会うことができなかったとしても、その経験は尊く、勲章に値します。

「何も発見できなかった」「今回の研究は失敗だった」――それが悔しい思いとなり、「もう一度がんばろう！」というエネルギー（再出発の原動力）となり、そして失敗を客観的に検証することが成功につながる（次の成功の種）、ということもあります。

失敗に向き合い、失敗を受容すること

失敗の受け止め方を変え、前向きに捉える、というのは、「反省しない」ことでもなければ、「適当にうやむやにする」ことでもありません。あなたが失敗したことによって、被害を受けた方がいる場合には真摯に向き合い、心からの謝罪をすることが必要です。誠心誠意の姿勢を取ることは不可欠です。

ただ、繰り返しますが、あなたの失敗は、あなたの人格を否定するものではない、ということです。失敗は、あなたの人生の汚点ではなく、糧なのです。

あなたの周りにいる、あなたが尊敬する人たちにもたずねてみてください。「失敗で腐ったことはあるけれど、でもあれがあったから、今の自分がいるんだよ」という言葉がウソ偽りな

く出てくる方がいます。その方は、あなたにとって「勇気づける人」に他なりません。

アメリカで最も信頼されている「リーダーシップ論」の権威である、ジョン・C・マックスウェルは、自身の著書『「勝負強さ」を鍛える本』（齋藤孝訳　２００６年　三笠書房）で失敗を正しく捉えるためのアクロニム（省略語）を、以下のように紹介しています。

頭文字を上から読むとＭＩＳＴＡＫＥＳ（失敗）となっています。

Ｍ：人生についてフィードバックを与えるメッセージ（Messages）
Ｉ：反省し、考える時間を与えるための中断（Interruptions）
Ｓ：正しい道を示す道標（Signposts）
Ｔ：人間としてさらに成熟するための試練（Tests）
Ａ：チャレンジし続けるための覚醒（Awakenings）
Ｋ：次のチャンスへの扉を開ける鍵（Keys）
Ｅ：まだ行ったことのない場所へ誘う探検（Explorations）
Ｓ：われわれの成長と進歩に対する評価（Statements）

❗ 失敗はあなたの未来の糧となる貴重な経験だということを、心に刻んでおきましょう。

勇気づけの目指す方向

三つの段階を踏まえて勇気づけを進めよう

ここまで読み進めていただいた方には、

・「勇気づけ」とは何か
・具体的に、日々どうすれば勇気づける人になれるか
・勇気づけを定着させるために必要な心のありよう

などを受け取っていただけたのではないかと思います。

「勇気づけ」は、人と関わるすべての人に欠かすことのできない態度です。では、その勇気づけは、何を目指して推進していけばいいのでしょうか。

それは、次の三つの段階を踏まえて行なわれるものです。

第一段階：相互尊敬・相互信頼の関係の中で

第二段階：相手が自分自身を勇気づけられるように
第三段階：共同体の役に立つように

この三つの段階は、ここまで勇気づけについて理論的に学んでいただいたことを実践できるよう、段階に分けてまとめたものです。では、ひとつずつ説明しましょう。

相互尊敬・相互信頼

6章で、今まで勇気くじきの対応をしていた人が「自分を変えよう」と決意し、それを実践していくためには、「実行宣言」が大切であるということをお話ししました。それとともに必要なのが、「相互尊敬」「相互信頼」の気持ちです。では、ここで確認です。「尊敬」「信頼」という言葉は、あなたの中ではどのような意味を持っているでしょうか？

「尊敬？　相手を偉いと思って敬うんでしょ？　信頼は信用することでしょう？」

これは、間違っているわけではありませんが、もう少し、具体的かつ明確にしておくために、ここでは以下のように定義づけます。

尊敬：人それぞれに年齢・性別・職業・役割・趣味などの違いがあるが、人間の尊厳に関して

は違いなどないことを受け入れ、礼節を持って接する態度

信頼：根拠を求めず無条件に信じること

尊敬は、英和辞書を引くと「respect（リスペクト）」とありますが、何だか少し違いがあるような気がしないでしょうか？　私たち日本人が「尊敬」という言葉を使った場合、思い浮かべがちなのが卒業式での「仰げば尊し」であり、下位者が上位者に対して仰ぎ見る態度です。

しかし、ここでは必ずしも上下関係ではなく、年齢・性別・職業・役割・趣味などの違いがあったとしても、つまり年下であろうと部下であろうと子どもであろうと、その尊厳を大切にし、礼を失することなく接することが大切です。「リスペクト」の使い方のほうが、語感としては近いかもしれません。「相手が子ども（あるいは後輩、部下、生徒、弟子）だから尊敬なんかできない」という人は、そもそも尊敬するということができない人です。

また、信頼に関して、「信用」とごっちゃになっている方も多いと思います。

では、ここでも質問です。世の中に「信用金庫」があるのに、「信頼金庫」が存在しないのはなぜでしょうか？　それは、上記の定義のように「無条件に」信じることが「信頼」だからです。「信用」は条件つきで信じることです。

「この人には、保証人がいたり土地を持っていたりという、お金を貸しても大丈夫だと信じるに足りる条件がある」からこそ、信用金庫はお金を貸してくれるのです。

そして、もうひとつ大切なのが、「相互」という言葉です。この「相互」は、フィフティ・フィフティではありません。相互尊敬・相互信頼の関係を築くには、こちら側が、

・より早く尊敬・信頼する
・より多く尊敬・信頼する

ことが、何よりも大切なのです。勇気づける人（心理的に優勢の側）が、より早くより多く尊敬・信頼することで、バランスが保たれるのです。

ほめるのではなく、勇気づけることで自分も勇気づけられる

第二段階の「相手が自分自身を勇気づけられるように勇気づける」ということ、これは、2章の「ほめる」と「勇気づける」の違いをもう一度振り返ることが大切です。

ほめることは、上から下に「よいという評価を与える」ことです。上から下への一方通行です。「新入社員が社長をほめる」ことは、常識的に考えてあり得ないことですが、「新入社員が社長を勇気づける」ことはあり得ます。

新入社員の真摯な態度や一所懸命にチャレンジしていく姿勢に社長が勇気づけられて、さら

に高みを目指す、などということは十分に考えられます。勇気づけられた側（この場合の社長）は、自分自身を鼓舞し、勇気づけながら階段を上がっていくことができるのです。これは、誰が誰を勇気づけた場合でも、基本的には変わりません。

「勇気づける」は、勇気づけの対象となる人が、他者から勇気づけをされなくても、自分で自分を勇気づけられるようになることが含まれます。一方通行の「ほめる」は、いわゆるアメとムチのアメであり、ほめられる側は常にアメをくれる相手を意識し、依存的になりがちです。

自分自身で勇気づけができるようにするということは、他人からのアメに依存することなく、常にその人の自立心を尊重することになります。

「勇気づけ」「共同体感覚」の両輪を回していこう

では、第三段階の「共同体の役に立つように勇気づける」とはどういうことでしょうか。

人が人として生きていく際、生まれてから死ぬまでの間、何の共同体にも所属しないということはあり得ません。また、誰ともコミュニケーションを取らないということもあり得ません。

そして、人は本能として、「自分の居場所（共同体）をほしがり、その居場所の居心地をよくしたい（所属感）」「共同体そのものや仲間たちの役に立ちたい（貢献感）」という欲求を持っているのです。この二つの欲求に加えて、その構成員に対する共感、信頼感を含めて「共同体感覚」と呼びます。

「勇気」と「共同体感覚」は、車輪の両輪のようなもので、このバランスが取れていてこそ、精神的な健康が保たれるのです。

自分をはげますことは、お金がかかることでもなければ、誰かに頼らなければならないことでもありません。それは、ここまで読んでくださったあなたであれば、おわかりいただけることでしょう。

もう、あなたは自分自身をはげますことができます。必要なことはすべて備わっています。必ずできるはずです。

それは、明日からではありません。今から自分をはげます生活を送り、自分をはげます言葉を語り、自分をはげます態度で周りの人にも接してください。

あなたのこれからの人生は、勇気づけに溢れた人生になることをお約束します。

自分をはげまし、周囲をはげますことができれば、勇気づけに溢れた人生になります。

著者略歴

岩井俊憲　（いわい　としのり）

1947年、栃木県生まれ。1970年、早稲田大学卒業。外資系企業の管理職などを経て、1985年4月、有限会社ヒューマン・ギルドを設立。代表取締役に就任。アドラー心理学に基づくカウンセリング、カウンセラーの養成、各種研修を行なっている。アドラー心理学カウンセリング指導者。上級教育カウンセラー。中小企業診断士。独立行政法人 国立病院機構 水戸医療センター附属 桜の郷看護学校・独立行政法人 国立病院機構 栃木医療センター附属看護学校 非常勤講師、元青森公立大学・函館大学非常勤講師。
主な著書として、『アドラー心理学によるカウンセリング・マインドの育て方』（コスモス・ライブラリー）、『勇気づけのリーダーシップ心理学』（学事出版）、『勇気づけの心理学 増補・改訂版』（金子書房）、『図解 伝わる！ように「話せる力」』（明日香出版社）、『失意の時こそ勇気を ― 心の雨の日の過ごし方』（コスモス・ライブラリー）などがある。

〔連絡先〕 有限会社　ヒューマン・ギルド
〒162-0808　東京都新宿区天神町6番地　Mビル
電話：03-3235-6741　ファックス：03-3235-6625　メール：info@hgld.co.jp
●「ヒューマン・ギルド」ホームページ
http://www.hgld.co.jp/
●「勇気の伝道師」ヒューマン・ギルド 岩井俊憲の公式ブログ
http://blog.goo.ne.jp/iwai-humanguild

カウンセラーが教える**「自分を勇気づける技術」**

平成25年11月7日　初版発行

著　　者　岩井俊憲
発 行 者　中島治久
発 行 所　同文舘出版株式会社
東京都千代田区神田神保町1-41　〒101-0051
電話　営業：03(3294)1801　編集：03(3294)1802
振替　00100-8-42935　http://www.dobunkan.co.jp

印刷／製本：三美印刷
ISBN978-4-495-52481-4
Printed in Japan 2013